DON BOSCO
VERLAG

Ursula, Monika und Petra Bezdek

Kinder in ihrem Element

Sinnliches Erleben von Feuer und Erde, Wasser und Luft

DON BOSCO

Die Autorinnen und der Verlag haben sich redlich bemüht, die Inhaber der Rechte aller Lieder und Verse zu ermitteln, doch ist dies leider nicht in allen Fällen gelungen. Die Inhaber oder Verwalter der Rechte werden gebeten, sich mit dem Verlag in Verbindung zu setzen.

Die Deutsche Bibliothek – CIP-Einheitsaufnahme

Ein Titeldatensatz für diese Publikation ist bei Der Deutschen Bibliothek erhältlich.

1. Auflage 2000 / ISBN 3-7698-1202-6

Umschlag: Felix Weinold
Illustrationen: Petra Bezdek
Fotos: Eltern-Kind-Programm, Stockdorf
Satz und Litho: undercover, Augsburg
Druck und Bindearbeiten: Druckerei Gebr. Bremberger, München

Gedruckt auf umweltfreundlichem Papier

Wir über uns

Die drei Autorinnen sind Mitbegründer, bzw. langjährige Mitarbeiterinnen des Eltern-Kind-Programm e.V. und haben bereits an der Veröffentlichung von mehreren Heften zur Arbeit mit Eltern-Kind-Gruppen mitgewirkt. Diese Hefte waren Anlass für die Zusammenarbeit mit dem Don Bosco Verlag.
Der eingetragene Verein Eltern-Kind-Programm arbeitet seit Jahren erfolgreich in folgenden Bereichen mit Familien:
Eltern-Kind-Gruppen auch zweisprachig und integrativ; Eltern-Kind-Seminare und -Workshops zu unterschiedlichen Themen (z.B. Jahreszeiten, Elemente, Naturbaustellen, Handwerkstechniken, Schwimmen, Musik und Bewegung); Kinder- und Jugendarbeit; Kinderwerkstätten und Familienfreizeiten. Für die Gruppenleiterinnen wird jährlich ein Ausbildungskurs angeboten, der in Zusammenarbeit mit Dozenten der Universität Regensburg ausgearbeitet wurde. Der Kurs umfasst die Bereiche pädagogische und psychologische Grundkenntnisse, Anleitung zur objektiven Beobachtung, Praxisanleitung und Elternarbeit.
In unseren Eltern-Kind-Gruppen, die sich über den Zeitraum eines Jahres wöchentlich zweimal treffen und in unseren Seminaren spielen der Jahresrhythmus und die damit verbundenen Feste, die Arbeit mit den Elementen, Natur- und Sinneserfahrungen eine sehr große Rolle. Kinder und Eltern sollen die Gelegenheit haben zu forschen, zu suchen und zu sammeln, d.h. neue Entdeckungen zu machen. Dazu gehört: singen, reimen, sprechen, spielen, toben, bewegen, klettern, balancieren, staunen, aber auch das Schaffen von Rückzugsmöglichkeiten und das Austragen von Auseinandersetzungen kommen dabei nicht zu kurz.
Die Ursprungsform des Eltern-Kind-Programms wurde vom Staatsinstitut für Frühpädagogik, München entwickelt. Der Verein Eltern-Kind-Programm hat dieses Grundkonzept mittlerweile um die neuesten Erkenntnisse aus unterschiedlichen pädagogischen Richtungen und vor allem durch den im Laufe der Jahre angesammelten Erfahrungsschatz erweitert.

Eingeflossen in unsere Arbeit sind Erkenntnisse aus der Waldorfpädagogik, vor allem im Bereich der Kindheitsentwicklung und Sprachentwicklung, um die Eigeninitiativkraft und innere Freiheit der Kinder zu fördern. Aus der Motopädagogik haben wir Gedanken zum Spielhaus- und Spielplatzbau übernommen, um den Kindern Freiräume und vielfältige Bewegungsmöglichkeiten zu schaffen, da Bewegung das Selbstwertgefühl der Kinder steigert, selbstständiges Denken anregt und die Sprachentwicklung fördert. Elemente aus der Edu-Kinestetik eröffnen den Kindern spielerisch das Tor zum Lernen.
Vor allem aber haben wir viel von den Kindern selbst gelernt. Durch genaues Beobachten und Einfühlen können wir immer wieder neue Aspekte in unsere Arbeit aufnehmen.
Einer der jüngsten Bereiche ist die Arbeit mit Naturbaustellen, wie Backofenbau, ökologische Spielplätze und Naturzäune. Dies, so spüren wir, ist eine Wiederannäherung an die Natur und ihre heilenden Kräfte, denn das natürliche Umfeld der Kinder hat sich in der heutigen Zeit sehr verändert. Das Spielen und Forschen im Wald mit seinen Kletterbäumen, wassergefüllten Fahrrinnen und moosbewachsenen Baumstämmen wurde gegen Ballettunterricht, Musik- und Turnstunden oder Fernsehschauen ausgetauscht. Wir haben es uns zur Aufgabe gemacht, Kinder wieder durch blühende Wiesen und über moosbewachsene Baumstümpfe krabbeln zu lassen, ihnen Versteck- und Klettermöglichkeiten in naturgemäßen Hecken zu schaffen, mit ihnen Wildblumen zu säen, oder Totholzzäune und -haufen als Verstecke für Tiere anzulegen und die Kinder auf die Kreisläufe in der Natur aufmerksam zu machen, da diese in engem Zusammenhang mit unserem Leben stehen.
Wir verstehen unsere Arbeit als Suchtprävention im Familienalltag; wir wollen Lebensfreude und innere Zufriedenheit wecken. Wir wollen Familien und Kindern die in ihnen steckenden Kräfte und Fähigkeiten durch Erfahrungen bewusst machen und dadurch die Suche nach dem Sinn des Lebens erleichtern.
Der wichtigste Aspekt der Arbeit des Eltern-Kind-Programm e.V. ist die kindzentrierte Elternbildung. Die Eltern lernen im Zusammenleben und -arbeiten an und mit ihren Kindern. Ganz besonders

können wir alle von der noch freien schöpferischen Kraft, von der Lebensfreude und der Bereitschaft zum Miteinander der Kinder profitieren.
Wir hoffen, dass dieses Buch dazu beiträgt, diese Gedanken weiter zu verbreiten.

Wir wünschen uns, dass sich alle pädagogischen Fachkräfte und Laien, männlich wie weiblich, Erzieher oder Eltern, mit der von uns gewählten Anrede “die Gruppenleiterin” anfreunden können. Geschrieben ist das Buch für alle Menschen, die gern mit Kindern leben wollen.

Ursula, Monika und Petra Bezdek

EINLEITUNG

Die bewusste Vermittlung von Natur- und Sinneserfahrungen in Kindergruppen, Kindertagesstätten oder Eltern-Kind-Gruppen bekommt eine immer größere Bedeutung, da wir in der heutigen Zeit nicht mehr davon ausgehen können, dass Kinder diese grundlegenden Erfahrungen ganz selbstverständlich machen. Durch das Spielen in und mit der natürlichen Umwelt erleben Kinder die Lebendigkeit und Wandlungsfähigkeit der Natur, den Kreislauf von Werden und Vergehen, den Kreislauf des Wassers und die Wunder der Pflanzen- und Tierwelt. Sie lernen das Staunen und sie erfahren wie viele Möglichkeiten uns das Leben bietet. Wenn wir die Natur mit allen Sinnen in uns aufnehmen, erweitern wir unseren Erfahrungsschatz, unser Gefühlsleben und unsere geistige Flexibilität. Die Natur mit allen Sinnen erleben bedeutet auch Ehrfurcht vor der Schöpfung zu entwickeln. Die Elemente Erde, Wasser, Luft und Feuer sind die Grundlage des gesamten Lebens auf der Erde. Deswegen wollen wir uns mit ihnen besonders intensiv auseinandersetzen. Eine Indianerweisheit lädt dazu ein:

Das Staunen lernen und Ehrfurcht entwickeln

Jeden Tag die Erde mit den Füßen berühren
am Feuer sich wärmen
ins Wasser fallen
und von Luft gestreichelt sein.

Wissen – ein Tag ohne die vier
Schwester Wasser und Bruder Feuer,
Mutter Erde und Vater Himmel
ist ein verrotteter Tag.

Ein Tag im Krieg,
den wir gegen alles führen.
Dorothée Sölle

Einstimmung auf die Arbeit mit den Elementen

Lieder oder Spiele zum Einstieg

Ein wichtiger Punkt in der Gruppenarbeit ist immer der Anfang! Wir müssen eine Einstiegsmöglichkeit finden, auf die der Großteil der Kinder bzw. der Teilnehmer reagiert. Den größten Erfolg haben wir immer mit Liedern, Spielen oder Sprüchen. Am Beginn der Arbeit mit den Elementen kann eine Vorstellungsrunde stehen, bei der jedes Gruppenmitglied hervortritt und sagt: „Ich heiße ... und stampfe auf die Erde“ oder „... und fliege durch die Luft“, „... und züngle wie das Feuer“ – gleichzeitig macht es eine passende Bewegung dazu. Alle anderen im Kreis wiederholen: „Das ist ..., er/sie stampft auf die Erde“ und machen die Bewegung nach. Vor allem in neuen Gruppen lockert sich die erste Scheu.
Als nächstes spielen wir gleich „Feuer, Erde, Wasser, Luft“. Wir bestimmen für jedes Element einen Platz zu dem wir laufen müssen, wenn es genannt wird z.B. bei Wasser auf eine Treppe, Bank oder Tisch ..., bei Feuer an eine Wand, bei Erde auf den Boden legen ...
Die Gruppenleiterin erzählt eine Geschichte, in der die vier Elemente vorkommen, sobald eines genannt wurde, sucht sich jeder schnell den passenden Platz.
Diese Spiele lassen sich sowohl im Freien, als auch im Raum durchführen und bringen uns in Kontakt, in Bewegung und direkt zum Thema.

Gesprächsrunde zum Thema

Danach setzen wir uns am besten im Kreis auf den Boden und tragen zusammen, was jeder über die einzelnen Elemente weiß. Wo und wie erleben wir die Elemente? Wo liegen ihre Gefahren?
Bei diesem ersten Gespräch kommen alle zu Wort, denn die Kinder können hier eine ganze Menge beitragen.

Das Zusammenwirken der Elemente

Auf das Zusammenwirken der Elemente möchten wir hier besonders hinweisen: Bei vielen beschriebenen Aktionen liegt der Akzent auf einem Element, aber alle anderen Elemente wirken stets mit. Zum Beispiel braucht man bei allen Lehm- und Tonarbeiten Erde in Form von Lehm, Wasser um den Lehm formbar zu machen, Luft zum Trocknen damit der Lehm seine Form behält und schließlich Feuer um die Form zu brennen. Ganz deutlich ist das Zusammenwirken bei den Lehmöfen, in denen ja sogar ein Feuer entzündet wird.

Die vier Elemente wirken stets im engen Zusammenspiel miteinander.

Auch für das Lagerfeuer ist das Zusammenspiel der Elemente wichtig: Wir brauchen Holz, das erst durch Erde, Wasser, Luft und Licht wachsen kann, Erde in Form von Steinen um unsere Feuerstelle abzugrenzen, Luft, die das Feuer nährt und Wasser um es zu löschen.
Wir alle kennen das Zusammenwirken der Elemente beim Wachstum der Pflanzen und beim Wasserkreislauf.
Wir können ein Element also nie ohne seine Brüder und Schwestern erleben!

Sinneserfahrungen

In allen hier beschriebenen Aktionen werden möglichst viele Sinne angesprochen. An folgenden Beispielen wird deutlich, auf welche Weise die Sinne geschult werden:

- der Sehsinn durch genaues Beobachten, Farbwahrnehmungen und -spielereien
- der Hörsinn durch das Erkennen von Geräuschen, durch Lauschspiele, Singen und Geschichten hören
- der Geruchssinn durch das Wahrnehmen der vielen unterschiedlichen Gerüche der Natur und bei der Zubereitung von Speisen
- der Geschmackssinn beim Probieren von Kräutern und bei genüsslichem Essen
- der Tastsinn durch das Befühlen aller Materialien, und ganz besonders bei der Arbeit mit Erde, Lehm und Wasser
- der Bewegungssinn durch viele Spiele, von Finger- bis zu Laufspielen
- der Wärmesinn bei der Arbeit mit Feuer, Wasser, Eis und allen Aktionen im Freien

- der Sprachsinn durch das rhythmische Sprechen und Singen
- der Lebenssinn durch das Spüren des eigenen Körpers im Wechsel von ruhigen Meditationsübungen und wilden Bewegungsspielen
- der Gleichgewichtssinn durch Orientierungsübungen mit geschlossenen Augen und durch Bewegungsspiele oder durch das Schaffen von Gleichgewicht in Bildern

Das Erleben der vier Elemente fördert die gleichmäßige Ausbildung der Sinne.

Entscheidend für eine ganzheitliche Entwicklung ist das ganzheitliche Erleben. Wir müssen auf eine gleichmäßige Ausbildung der Sinne bei unseren Kindern achten, um ihnen alle angelegten Entwicklungsmöglichkeiten offen zu halten. Unsere Gesellschaft neigt zur einseitigen Überbewertung des Denkens und versucht dieses schon bei Kleinkindern zu fördern, dabei ist z.B. für das logisch-mathematische Denken ein gut funktionierender Gleichgewichtssinn die beste Voraussetzung, und die Sprachentwicklung steht in direktem Zusammenhang mit der feinmotorischen Entwicklung, also dem Bewegungssinn.

Sprachentwicklung

Die Sprache hat Bedeutung für die Gesamtentwicklung des Kindes.

Die Sprachentwicklung möchten wir hier besonders hervorheben. Wir begleiten unsere Aktionen oft mit sich immer wiederholenden Liedern, rhythmischen Sprüchen und Reimen, mit Meditationstexten und Geschichten. Der Grund dafür ist die Bedeutung der Sprache für die Gesamtentwicklung der Kinder. Wir beobachten häufig eine verzögerte oder einseitige Sprachentwicklung, Probleme mit der Aussprache oder der Bildung von ganzen Sätzen. Dies steht in engem Zusammenhang mit dem Sprachgebrauch in der heutigen Gesellschaft. In Comics und E-Mails steht die Information und nicht die Sprache im Vordergrund, wir sprechen nicht deutlich genug oder zu wenig, wir kennen die alten Kinderreime nicht mehr und erzählen keine Geschichten oder Märchen.
Kassetten und Fernsehen können aber nicht die Stimme des Menschen ersetzen, der beim Sprechen Schwingungen erzeugt, die sich

direkt auf den Kehlkopf des zuhörenden Kindes übertragen und dadurch unbewusst nachvollzogen werden.

Geschichten, Gedichte, Plapperreime sowie Fingerverse helfen den Kindern bei Sprachproblemen bzw. bei der Sprachanbahnung. Alle Verse, Lieder und Sprüche müssen sehr deutlich gesprochen oder gesungen werden, denn im Alltag wird oft zu undeutlich oder schnell gesprochen. Jeder Laut hat aber eine Wirkung auf die Sprachentwicklung der Kinder. Die Wirkung der Sprache kann man deutlich beobachten, wenn man mit Kindern rhythmische Gedichte spricht. Schon beim ersten Vorsprechen bewegen die Kinder ihre Lippen und versuchen gleich mitzusprechen und zu reimen. Beim wiederholten Sprechen können wir darüber staunen, wie viel die Kinder sich schon eingeprägt haben. Und auch beim dritten und vierten Mal ist das Sprechen nicht langweilig. Wird der Spruch durch rhythmische Bewegung begleitet, prägt er sich noch schneller ein und es macht noch mehr Spaß.

Beim Sprechen von Versen, Sprachspielen und Gedichten sollte auf eine deutliche Aussprache Wert gelegt werden.

Immer wieder sollten wir uns bewusst machen, dass die Sprachentwicklung im direkten Zusammenhang mit der feinmotorischen Entwicklung steht, d.h. Fingerspiele, Krabbelreime, Greifen, Kneten und viele andere Aktivitäten sind wichtige Voraussetzungen beim Sprechenlernen.

Achten wir auf eine gute Sprachentwicklung durch Spiel und Spaß und ohne Druck hat dies natürlich positive Rückwirkungen auf die seelische Entwicklung der Kinder.

Elterngespräch

Es ist uns sehr wichtig, auch die bei unseren Aktionen beteiligten Eltern auf diese Zusammenhänge aufmerksam zu machen. Zum Elternabend oder in Einzelgesprächen bietet es sich an, diese bedeutenden, leider oft nicht beachteten pädagogischen Erkenntnisse zum Thema zu machen.

Eltern informieren: in Einzelgesprächen oder bei Elternabenden

Nach jeder gemeinsamen Spiel- und Erlebnisaktion schließen wir auch ein Elterngespräch an. Hier bietet sich auch Gelegenheit, dass die Gruppenleiterin ihre Beobachtungen zum Verhalten und zur Entwicklung der Kinder an die Eltern weitergibt.

Weitere Themen für Elterngespräche:
- die Bedeutung und Gestaltung der Jahresfeste
- der Gebrauch von Medien
- Schwierigkeiten im Familienalltag
- welche Bedeutung hat das Werken, Spielen, Singen, Sprechen … für die Entwicklung der Kinder?
- Wie motivieren wir die Kinder?
- Wie erleben wir die Kinder in der Gruppe und zu Hause?
- Haben wir zusammen Spaß?

Auch in reinen Kindergruppen, im Kindergarten, in der Schule oder in der Freizeit ist ein Austausch der Erzieher mit den Eltern sehr wichtig, um Beobachtungen aus dem Gruppengeschehen als Anregung in den Alltag mitzugeben, und den Eltern ein Forum zu bieten, wo sie Fragen stellen und sich entlasten können.

ERDE

*Auf der Erde kann ich stehn,
vieles kann in ihr geschehn,
vieles wächst aus ihr heraus.
Auf der Erde steht mein Haus.
Erde, das ist Ackerland,
Meeresstrand und Wüstensand,
Straße, Urwald, Fels und Stein –
alles das kann Erde sein.*
Wolf Harranth

Wir lernen die Erde kennen

Zur Einstimmung auf das Element Erde dichten wir gemeinsam das Lied „Guten Morgen, guten Morgen, wir nicken uns zu" weiter und nähern uns so dem Erdelement. Jeder darf einen Vorschlag machen, den wir singen, indem wir das Wort „nicken" ersetzen und in Bewegung umsetzen. Beispiele: stampfen, graben, schaufeln, krümeln, pflanzen, hacken, klopfen, säen, bauen … und spielen anschließend zu dem Vers von Anna Zehnder.

Guten Morgen

Text und Melodie: Rolf Krenzer

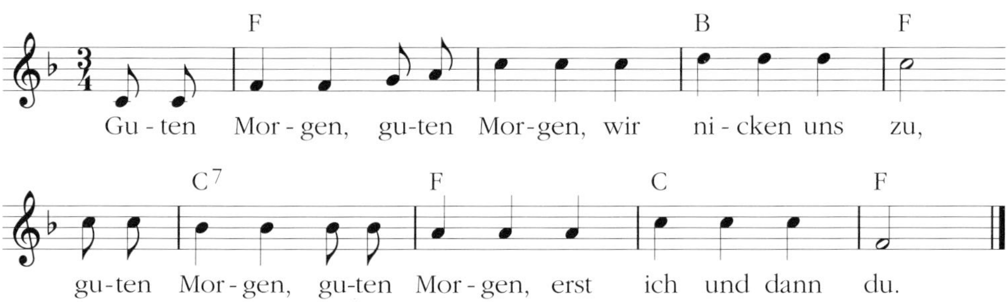

Ich habe zwei Füße, dass ich die Erde begrüße.
Erst grüßt der rechte, dann der linke
erst der schaffige, dann der flinke,
der schaffige, der flinke
der schaffige, der flinke
der schaffige, der flinke.
Mit zwei Füßen kann ich die Erde begrüßen.
Geh ich zurück, muss der eine verschwinden,
doch der andre, o Glück kann ihn wiederfinden.
Anna Iduna Zehnder

Wir überlegen zusammen, welche Formen von Erde wir kennen, und wie sie beschaffen sind, auch im Vergleich zu den Elementen Wasser, Luft und Feuer. Es gibt Steine, Felsen, Gartenerde, Walderde, Sand, Lehm, Kiesel, Split … Die Erde kann man greifen und festhalten im Gegensatz zu den anderen Elementen – es ist feste greifbare Materie! Und alle Formen und Varianten sind schwer – schwerer als Wasser und Luft. Sie können sich nicht in der Luft halten und gehen im Wasser unter (Versuch mit Steinen, Sand und Erde in einem Glasgefäß mit Wasser). Bei dieser Gelegenheit prüfen wir auch die Wasserdurchlässigkeit.

Die Wasserdurchlässigkeit

Wir brauchen drei Blumentöpfe und füllen:
einen mit Lehm,
einen mit Sand,
einen mit Erde.

Wir setzen diese auf drei Einweckgläser und gießen je einen Becher Wasser darauf.
Welche Erdart ist wohl am durchlässigsten?
Der Lehm lässt kein Wasser durch, er saugt nur Wasser auf und lässt sich deshalb gut formen.
Der Sand lässt das Wasser schnell durch die vielen Zwischenräume hindurchlaufen.
Die Erde lässt das Wasser langsam durchsickern, saugt sich voll und gibt das Wasser wieder an die Pflanzen ab, die in ihr wurzeln.

Wir sprechen darüber wie wichtig die Erde für uns ist: Sie ernährt uns. Alle Pflanzen, die wir essen, wurzeln in der Erde. Sie brauchen alle vier Elemente, die Erde, das Wasser, die Luft und die Wärme um zu wachsen und uns zu ernähren. Beim Essen bedanken wir uns mit dem Tischspruch:

Erdenspeise, Erdenbrot,
unsrem Leibe bist du Not.
Wenn wir dich mit Freuden essen,
sei der Himmel nicht vergessen,
der in aller Erdenkraft
Wunder wirkt und Leben schafft.
Heinz Ritter

Aber es gibt auch Gefahren, die von der Erde ausgehen: Erdbeben, Erdrutsch, Vulkanausbruch ... Auch darüber sollten wir sprechen und hören, was die Kinder dazu zu sagen haben.
Um die verschiedenen Erscheinungsformen des Erdelements erfahren zu können, bauen wir uns einen Fühlpfad.

Ein Fühlpfad

Material für den Fühlpfad im Raum
Plastikfolie, 2 lange Dachlatten und 2 kurze Stücke, um einen Rahmen zu bauen, Kiesel, große Steine, Sand, Erde, Lehm.
Das „Wohl-ergehen“ hat im wahrsten Sinne des Wortes etwas mit dem Gehen zu tun. Die Füße sind es, die die stampfenden, tastenden, fühlenden Bewegungen auf den Körper übertragen. Das

Bedürfnis der Kinder, barfuß zu gehen, sollte bei jeder Gelegenheit genutzt werden.

Planen wir einen bleibenden Fühlpfad im Garten, brauchen wir eine feste Randbegrenzung im Boden. Im Wald oder auf der Wiese können wir den Fühlpfad ohne feste Begrenzung bauen, im Raum ist es einfacher mit einem passenden Rahmen. Aus den oben genannten Materialien lässt sich mit wenigen Handgriffen ein solcher Rahmen zusammenbauen.

Die Kinder füllen mit den Händen die verschiedenen Materialien abschnittsweise in den Rahmen. Dabei spüren sie schon wie unterschiedlich sich die Dinge anfühlen – hart, spitz, grob, fein, weich, trocken, feucht … Wir können auch noch andere Materialien, die wir als natürlichen Bodenbelag kennen, wie Grassoden, Moos, Laub … dazunehmen.

Jetzt ziehen alle ihre Schuhe aus und wandern barfuß mit kleinen Schritten über den Fühlpfad. Es sticht und kitzelt, ist kalt, feucht oder angenehm weich und warm. Wir singen dazu: „Mit nackten Füßen durchs Gras…“ und erfinden für jedes Material einen neuen Vers, z.B. „Mit nackten Füßen durch Sand, wir fühlen uns wie am Strand …“, „… auf Lehm, das ist ja sehr bequem“, „… auf Stein, das spüre ich im Bein“.

Mit nackten Beinen durchs Gras

Text und Musik: Klaus W. Hoffmann

Nachdem wir immer wieder über unseren Weg gelaufen sind und unsere Füße das Material kennen gelernt haben, führen sich die Gruppenmitglieder gegenseitig mit verbundenen Augen über den Pfad und versuchen die jeweiligen Beläge zu erraten.
Nach der Aktion haben die Kinder noch Gelegenheit mit dem Material zu spielen und zu bauen.

Der Boden – eine Wunderwelt

In einer Handvoll Erde sind mehr Lebewesen als wir uns vorstellen können. Sie scheuen Licht und Trockenheit, daher nehmen wir sie meist nicht wahr. Manche sehen wir nur mit der Lupe und manche sogar nur mit dem Mikroskop. Es sind Würmer, Käfer, Schnecken, Algen, Bakterien, Milben, Pilze usw. Sie werkeln unermüdlich und ausdauernd, fressen totes Holz, Abfälle, aber auch sich gegenseitig, sie bauen ab und um, vermengen die Erde mit winzigen Gesteinsteilchen und schaffen so den Humus und damit wieder ein Festmahl für die Pflanzen!
Alle diese Bodenbewohner sind Glieder einer Nahrungskette und daher voneinander abhängig. Wir können sie vorsichtig aufheben und beobachten, lassen sie aber wieder an dieser Stelle frei. Wir müssen diese Lebewesen hüten, schützen und bewahren, damit sie die Erde immer wieder erneuern können.

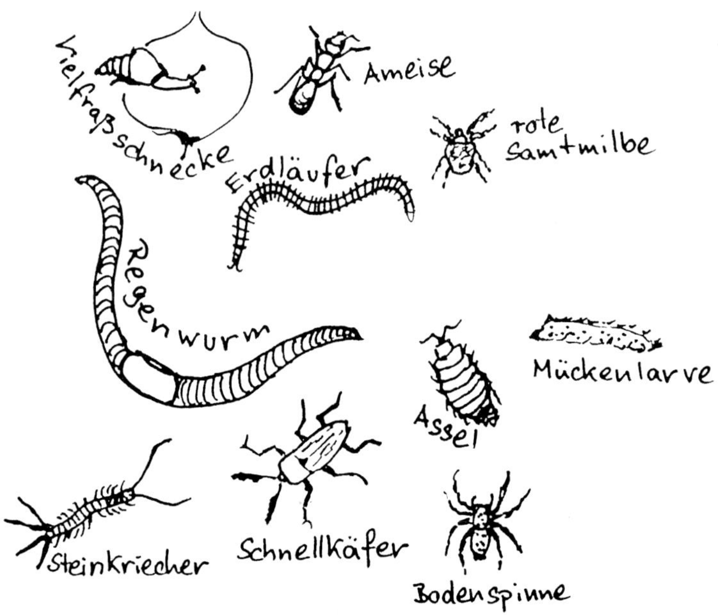

Erduntersuchungen

Wir suchen uns einen Platz auf einem unbebauten Grundstück, einer Wiese … und nehmen kleine Schaufeln, Becherlupen[1] und Plastikbehälter mit. Bevor sich jedes Kind ein kleines Stück aus dem Boden aussticht, singen wir im Kreis „Mother I feel you“. Wir spüren die Erde unter unseren Füßen und erahnen, dass sie heilig ist und uns ernährt.

Mother I feel you

indianischen Ursprungs

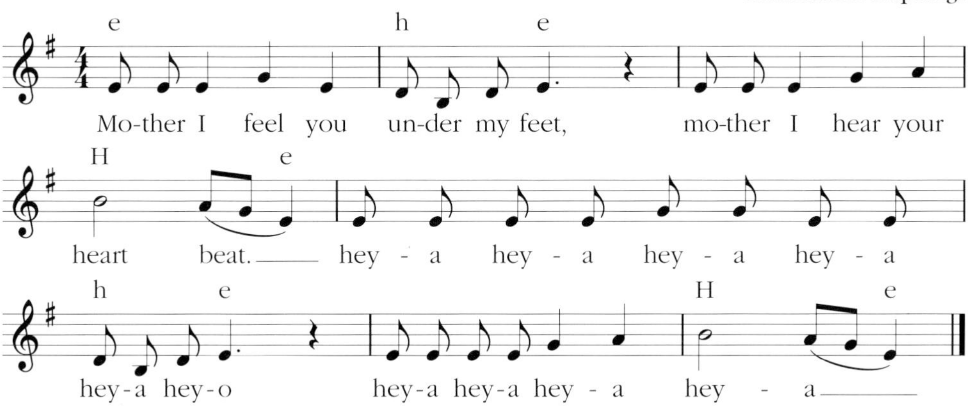

Zuerst untersuchen wir die oberste Schicht und finden Pflanzen, Wurzeln, Steinchen, Tiere … Die Tiere können wir in der Becherlupe anschauen und bestimmen. Sicher finden wir einen Regenwurm, betrachten ihn genau, erfahren wie wichtig Regenwürmer sind, weil sie die Erde fressen und somit durcharbeiten, und singen dazu das lustige Lied: „Hörst du die Regenwürmer husten?“

Wir graben an der gleichen Stelle tiefer und stellen fest, dass sich die Bodenbeschaffenheit ändert – wir finden unter der Humusschicht Steine, Sand oder Lehm … und können auch diese Materialien in unseren Behältern sortieren. Je tiefer wir graben, desto weniger Tiere finden wir, und die Durchwurzelung nimmt ab.

[1] Becherlupen gibt es bei Umweltschutzorganisationen oder beim Verein Eltern-Kind-Programm (→ Adresse Seite 142)

Die Gruppenleiterin kann anregen, dass Kinder auch zu Hause oder im Urlaub ein Stück Boden untersuchen. Sie können so die unterschiedliche Bodenbeschaffenheit kennenlernen. Am Ende unserer Aktion füllen wir die ausgestochenen Löcher wieder sorgfältig mit dem entnommenen Material. Im Gespräch gehen wir auch darauf ein, wie Erde entsteht und erklären das Prinzip eines Komposthaufens.

Hörst du die Regenwürmer

Der Komposthaufen

Wir können selbst einen Komposthaufen anlegen, am besten an einer abgelegenen, halbschattigen Stelle des Gartens. Es gibt in allen Baumärkten preiswerte Kompostsilos, die die Luftdurchlässigkeit garantieren. Kindern macht das Sammeln von Kompostmaterial sehr viel Spaß, sie fühlen sich verantwortlich, dass alle ihre Kompostwesen mit neuem Futter versorgt werden. Sie leisten dabei ihren Beitrag zum Umweltschutz, lernen etwas von Bodenverbesserung und naturnaher Düngung und haben viel Gelegenheit zum Forschen.
Alle Lebewesen, die im Kompost für uns arbeiten, brauchen bestimmte Lebensbedingungen:
ausreichend Luft, ausreichend Feuchtigkeit und immer wieder neues organisches Material, wie z.B. Küchenabfälle, verwelkte Blumen, Baumschnitt (bis 1 cm Dicke), Laub und Rasenschnitt, der allerdings mit grobem Material durchsetzt werden muss, um besser verrotten zu können.
Ist der Kompost nun mit vielen unterschiedlichen Materialien (trocken, feucht, frisch, fein, grob) bis auf 75 cm angewachsen, sollten wir ihn ein Jahr ruhen lassen. Im nächsten Frühjahr werden die Kinder dann die Möglichkeit haben, sich mit dieser neu gewonnenen Erde ein Gemüsebeet anzulegen.

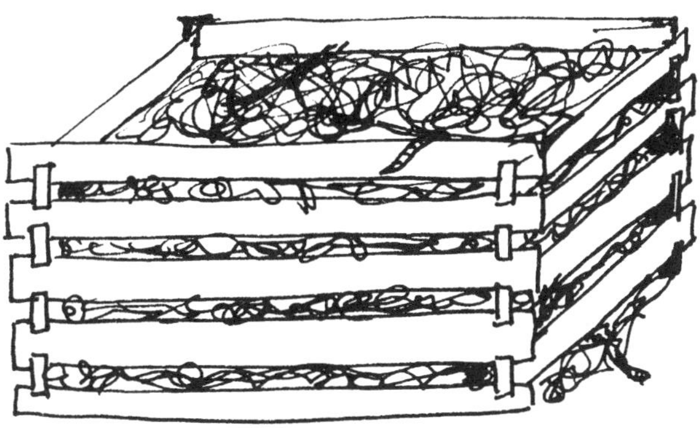

Humus

Ich bin die Mutter Sonne und trage
die Erde bei Nacht, die Erde bei Tage,
ich halte sie fest und strahle sie an,
dass alles auf ihr wachsen kann.
Stein und Blume, Mensch und Tier,
alles empfängt sein Licht von mir.
Christian Morgenstern

Wir säen, wir säen die Körnelein klein,
wir senken sie sacht in die Erde hinein
o Regen, o Regen, o rinne herab!
O Sonne, schein da hin und dort hin hinab,
dann blühen die Blumen so lustig im Feld,
dann reift unser Korn und es freut sich die Welt!
Hedwig Diestel

Wir säen Kresse aus

Es ist spannend für die Kinder, das Pflanzenwachstum bewusst zu erleben. Deswegen säen wir als erstes Kressesamen einfach auf feine Erde, drücken sie etwas fest und gießen sie. Schon am nächsten Tag sehen wir den Keim hervorkommen und nach 3 - 4 Tagen zeigen sich die ersten grünen Blätter.
Wir säen auch andere Samen, z.B. Weizen fürs Ostergras, Sonnenblumenkerne, Bohnen ... und werden feststellen, dass das Keimen bei allen anderen nicht so schnell geht, und dass wir viel Geduld brauchen! Geduld, bis sich der Wurzelzwerg ans Werk macht.

Der Wind treibt Samen übers Feld,	linke Hand ist Feld, rechte Hand bewegt sich darüber
bis einer langsam runterfällt.	Samen fällt herab auf linke Hand
Der streckt darauf die Wurzeln fein	durch die Finger durch
tief in die schwarze Erd hinein.	
Es pflegt und schützt ein Wurzelzwerg	mit der rechten Hand unter der Erde die
die vielen Wurzeln in der Erd.	Wurzeln zurechtupfen
Die Knospe, die braucht Sonnenschein,	Knospe drückt sich durch die Finger durch Hände zur Blüte öffnen
auch der Regen fällt in sie hinein.	mit rechter Hand Regen hineinfallen lassen
So wächst die Blume Jahr für Jahr,	
nun riech mal dran - s'riecht wunderbar.	beide Hände bilden geöffnete Blüte

Sehr spannend ist es auch einen Sonnenblumen- oder Bohnenwettbewerb zu veranstalten, bei dem wir immer wieder vergleichen, wie weit unsere Pflanzen schon sind und beobachten können, welche Faktoren (z.B. Standort, regelmäßige Pflege, Wasser, Pflanzennachbarschaft…) auf das Wachstum Einfluss haben. Auch ein günstiger Termin zum Säen aus dem Mondkalender hilft mit, alle Kräfte wirksam werden zu lassen.
Schon sehr kleine Kinder interessieren sich dafür, wie ihre Pflanze gedeiht und lernen dabei, sie regelmäßig zu pflegen.

Ein Minigarten

Material: kleine Obstkiste, Plastikfolie, Erde, Pflanzen, Steine, Samen …

Jeder darf sich ein eigenes Gärtchen gestalten. Wir legen das Kistchen mit Folie aus, und füllen Erde hinein. Die Kinder pflanzen und säen was ihnen gefällt z.B. Gras, Wildblumen, Kräuter, Kapuzinerkresse oder sogar Kirschtomaten, und schmücken den Garten mit Schneckenhäusern und Steinen, oder auch mit einem Teich in einer kleinen Schale. Im Gärtchen wird es bald wachsen und blühen, wenn die Samen und Pflanzen außer Erde auch noch Luft, Licht und Wasser bekommen!

Erdfarbenmalerei

Um mit unseren eigenen Erdfarben malen zu können, müssen wir natürlich erst einmal Material sammeln. Am besten findet so eine Aktion nach der Ferienzeit statt. Jedes Kind bekommt den Auftrag in den Ferien mit den Eltern nach verschiedenfarbigen Erden und auch Sand Ausschau zu halten und etwas davon mitzubringen. Es gibt braune, rote, gelbe und schwarze Erde in allen Schattierungen. Daraus können wir Erdfarben herstellen:

Wir trocknen die Erde, zerstoßen sie im Mörser ganz fein, und schütteln sie durch ein feines Sieb. Diesen Staub rühren wir mit einem Bindemittel, z.B. Leinöl oder Firnis an und erhalten so eine ganze Palette verschieden getönter Ölfarben mit denen wir z.B. auf Holz oder anderen Materialien malen können. Zum Malen auf Papier verwenden wir Kleister als Bindemittel. Wir können diese Pigmente auch mit Quark, den wir vorher mit etwas Borax oder Soda angerührt haben, zu Kaseinfarbe verarbeiten, die wir wie Plakafarbe verwenden können. Zum Bemalen der Haut (z.B. für Indianerzeichen) mischen wir unsere Erd-Pigmente mit Haut- oder Fettcreme. Die Kinder tauschen die Farben untereinander aus.

Lehm

Lehm ist Gestein, das durch Verwitterung aufgebrochen und durch hohen Druck, z.B. in der Eiszeit, fein gemahlen und gequetscht wurde. Je nach Gesteinsart ist der Lehm unterschiedlich gefärbt und hat eine andere Konsistenz. Der feinste Anteil ist das Tonmehl, der gröbste der Sand. Je nach Zusammensetzung fühlt sich das Material anders an und ist unterschiedlich zu verarbeiten.
Die Arbeit mit Lehm beginnen wir am besten mit einem Ausflug in eine Lehmgrube[2], damit wir sehen können, woher der Lehm kommt.

In der Lehmgrube

Zuerst betrachten wir die unterschiedlichen Schichten am Rande der Grube: Von oben nach unten sehen wir Humus, sandige und steinige Schichten und eine undurchlässige Lehmschicht. Hier können wir uns den Lehm für unsere Arbeit herausholen.
Das Spielen in einer Lehmgrube macht den Kindern sehr viel Spaß. Im weichen Lehm können wir schlittern, mit Lehmfarbe malen und an Ort und Stelle mit Lehm bauen und matschen. Natürlich schleppen wir auch eimerweise Lehm nach Hause, um dort weiterspielen zu können.

---

[2] Wo Sie in Ihrer Nähe eine Lehmgrube finden, die Sie mit den Kindern besuchen dürfen, erfahren Sie bei der Gemeinde- oder Stadtverwaltung.

Achtung: alte, gut waschbare Kleidung anziehen!

Barfuß durch den Matsch
(nach der Melodie von „Hopp, hopp, hopp, Pferdchen lauf Galopp")

Pitsch, pitsch, patsch,
barfuß durch den Matsch.
Der Matsch quatscht durch die Zehen,
das stört uns nicht beim Gehen.
Pitsch, pitsch, patsch,
barfuß durch den Matsch.

Pitsch, pitsch, patsch,
jetzt machen wir mal Quatsch.
Wir streichen uns mit Matsche ein,
das muss ja noch viel schöner sein.
Pitsch, pitsch, patsch,
jetzt machen wir mal Quatsch.

Pitsch, pitsch, patsch,
bei Regen gibt es Matsch,
und wer nicht mehr weiter kann,
der zieht sich Gummistiefel an.
Pitsch, pitsch, patsch,
bei Regen gibt es Matsch.
Marianne Austermann
Gesa Wohlleben

Eine Landschaft aus Lehm

Zur Einstimmung singen wir das Lied „Hoch am Himmel, tief auf Erden“ und jeder darf sich dabei wünschen ein Tier zu sein. Für diese Tiere wollen wir dann eine Landschaft bauen. Wir sitzen alle an einem langen, gut mit Folie abgedeckten Tisch und jeder bekommt einen großen Klumpen Lehm, wir klopfen und kneten ihn bis er gut durchgearbeitet ist. Jeder baut einen Teil einer Landschaft nach seinen Vorstellungen. Es entstehen Berge, Oasen, Seen, Wälder, Städte, Hafenanlagen … An einer günstigen Stelle fängt die Gruppenleiterin an, die Landschaften z.B. mit einem Fluss aus Kieselsteinen oder Sand … (vielleicht gibt es ja schon ein Stück) zu verbinden. Andere bauen den Fluss weiter und führen Brücken über den Fluss. Auch eine Bootsanlegestelle wird dringend gebraucht. Ein zweiter Fluss kreuzt, es gibt Zuflüsse, Mündungen, Quellwasserberge … Zur Ausgestaltung werden Naturmaterialien verwendet. Jeder darf mit einem kleinen Boot aus Rinde oder Lehm den Fluss entlang fahren und erzählen was er sieht, oder auch den Baumeister fragen, was es da zu entdecken gibt. Diese Tisch-Landschaft sollte möglichst so aufgestellt werden, dass die Kinder noch öfter daran bauen, spielen oder sie einfach bestaunen können!

Hoch am Himmel – tief auf Erden

überliefert

Eine Stadt- oder Burgmauer

Auf die gleiche Weise, wie die Landschaft entsteht, kann aus Lehm auch eine Stadt- oder Burgmauer gebaut werden.
Zur Einstimmung auf das Thema Burgmauer kann die Gruppenleiterin eine Rittergeschichte erzählen oder die Gruppe macht eine Burg- oder Stadtbesichtigung. Der Einstieg in ein Angebot ist oft entscheidend dafür, ob alle Teilnehmer sich richtig eingebunden und motiviert fühlen.
Jeder baut ein Stück Mauer, einen Torbogen oder ein Haus und wir versuchen dann die Lücken bis zu unseren Nachbarn zu schließen. Es ist spannend, wie die Mauer zusammen wächst. Höhenunterschiede müssen ausgeglichen werden, es stoßen unterschiedliche Mauern aus verschiedenen Jahrhunderten aufeinander. Innerhalb der Mauer kann Leben entstehen: Häuser, Menschen, Tiere…

Lehmgesichter für die Bäume

Damit machen wir unsere Bäume lebendig. Wir kleben einen Lehmklumpen an einen Baum, formen ihn zu einem Gesicht und gestalten es fantasievoll mit Steinen, Blättern, Nadeln und Federn aus.
Diese Aktion können wir auch auf einem Spaziergang machen, bei dem wir zufällig oder absichtlich an einem lehmigen Gelände vorbeikommen.

Fußabdruck

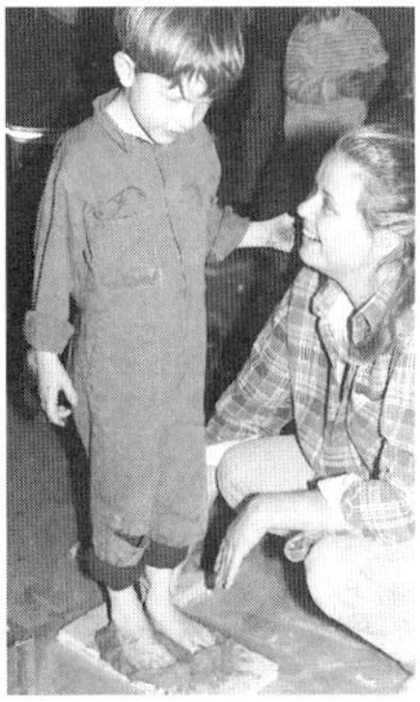

Aus Lehm oder besser Ton machen wir in unserer Gruppe jährlich einen Fußabdruck und können so das Wachstum der Füße verfolgen!
Wir formen eine Platte aus nicht zu festem, gut geknetetem Lehm und stellen einen Fuß darauf, wir belasten ihn erst vorsichtig, dann immer stärker, bis wir einen richtigen Abdruck haben – das können wir auch mit unseren Händen machen. Wir schneiden die Hand und Fußabdrücke aus, lassen sie trocknen und nehmen sie mit nach Hause. Den Abdruck in Ton können wir auch brennen lassen und verschenken oder aufbewahren.

Ganz wichtig ist bei allen Arbeiten mit Ton oder Lehm die Aktion! Das Ergebnis ist für die Kinder nicht entscheidend, im Vordergrund steht das Tun selbst: das Kneten, Formen und Matschen!
Dabei wird vor allem der Tastsinn gefordert, und da das Kneten anstrengend ist, kommt der ganze Körper in Bewegung, der Kreislauf wird angeregt und die Kinder können ihre Kraft einsetzen.

Spiele mit selbstgeformten Lehmkugeln

Besonders viel Spaß macht das Formen von Murmeln und Bocciakugeln, die wir nach dem Trocknen gleich zum Spielen verwenden können.
Dazu kneten wir feuchten Lehm und werfen und schlagen die Masse bis sie geschmeidig ist.
Dann drehen wir kleine und große Kugeln, lassen sie in der Sonne trocknen und malen sie je nach Lust mit Wasserfarben an.

Lehmboccia

Wir ziehen einen Kreis. Die größte Boccia-Kugel legen wir in die Mitte. Vom Kreisrand aus versuchen wir einer nach dem anderen, die Kugel zu treffen. Derjenige, der trifft, darf sich alle im Spielfeld liegenden Kugeln nehmen.

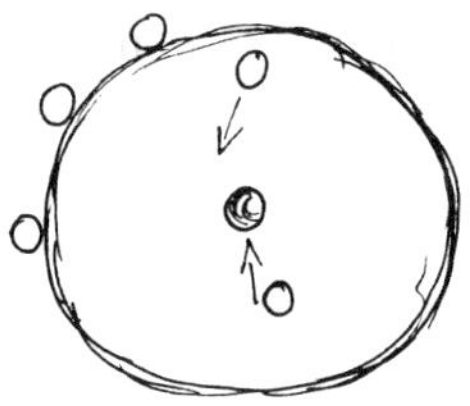

Kuhlenmurmeln

Eine Mulde wird in die Erde gegraben, die Kinder kennzeichnen eine Abschusslinie. Von dieser Linie aus versucht jeder, drei Kugeln in die Mulde zu treffen. Die Kugeln, die nicht ins Loch treffen, müssen liegen bleiben. Nachdem alle Teilnehmer drei Versuche hatten, beginnt derjenige, der die meisten Kugeln in die Mulde getroffen hat. Er versucht nun, möglichst viele der liegen gebliebenen Kugeln einzulochen. Solange der Spieler trifft, darf er weiterspielen. Dann folgt der Spieler, dessen Kugel am nächsten zum Loch liegt.

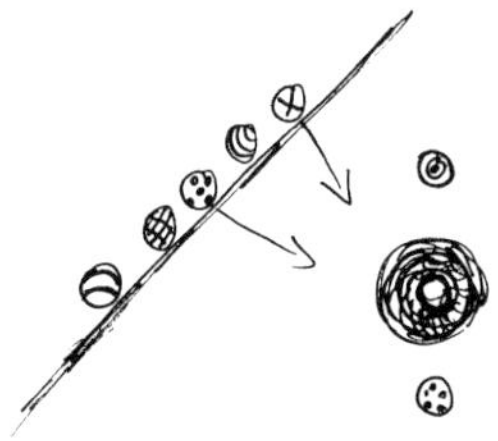

Ringspiel

Man zeichnet einen Kreis mit ca. 30 cm Durchmesser auf und um diesen Kreis einen zweiten von ca. 2 m Durchmesser. In den inneren Kreis legt jedes Kind zwei Kugeln. Nacheinander versuchen die Kinder, mit der eigenen Kugel vom äußeren

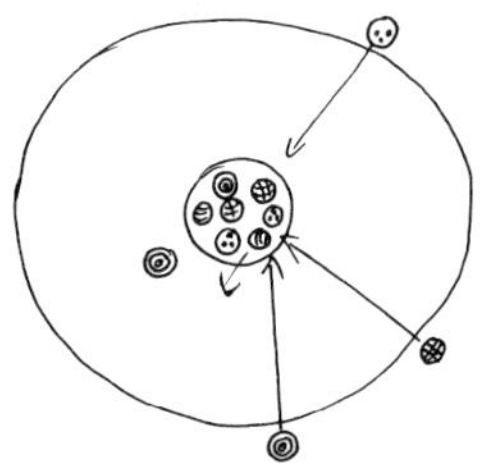

Kreis aus eine andere Kugel aus dem inneren Kreis zu schießen. Alle Kugeln, die der Spieler aus dem kleinen Kreis herausschießt, darf er behalten.

Schlag auf Schlag

Wir brauchen wieder einen Kreis von 2 m Durchmesser. In die Mitte legt jedes Kind eine Murmel. Von der äußeren Kreislinie aus schießen alle nacheinander auf die Murmeln und versuchen sie zu treffen. Trifft ein Kind eine der Murmeln in der Mitte, darf es sie nehmen.

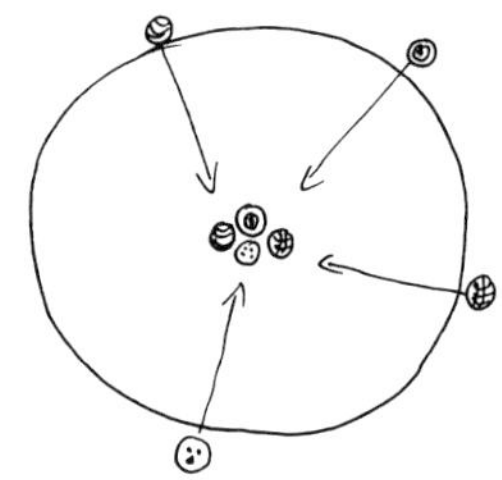

Wir bauen Stockpuppen

Auf einen handlichen Stock setzen wir eine Lehmkugel, die wir zum Gesicht formen und mit Naturmaterialien ausgestalten. Die beim Trocknen entstandenen Risse kann man mit einem dünnen Lehmbrei ausschlickern (verkleben und glätten). Ein Stoffrest kann als Puppenkleid dienen, und dann heißt es: „Bühne frei“! Diese lustigen Personen können sich z.B. erzählen, woher sie kommen oder eine Geschichte spielen.

Lehmbilder

Wir formen runde Scheiben aus Lehm und drucken mit dem Nudelholz gesammelte Blätter darauf ab. Mit einer Stricknadel stechen wir ein Loch zum Aufhängen der Bilder ein.

Stuckeln

Ein Spiel fürs freie Feld, das Klein und Groß Spaß macht, ist das „Stuckeln“. Wir holen uns eine möglichst lange biegsame Weiden- oder Haselrute und spitzen sie zu. Auf die Spitze setzen wir eine weiche geschmeidige Lehmkugel. Jetzt kann es losgehen.

Wir schwingen die Gerte nach hinten und lassen sie wie eine Peitsche wieder nach vorne schnalzen – die Lehmkugel fliegt und fliegt … vor allem mit ein bisschen Übung!

Steine

Steine haben durch ihre unterschiedlichen Formen und Farben einen besonderen Spielanreiz für Kinder. Steine sind ein natürliches Spielmaterial mit langer Geschichte und großer Bedeutung.

Die Gruppenleiterin füllt kleine Halbedelsteine in ein Säckchen und gibt es im Kreis herum. Dazu wiederholen wir den Spruch „Klipperdiklapp …“ immer wieder, lassen aber das Wort „Edelsteine“ aus. Die Kinder fühlen und hören ganz aufmerksam und raten was im Säckchen ist.

Klipperdiklapp, klipperdiklapp,
was klippert, was klappert, was kollert im Sack?
Große Steine, kleine Steine, feine bunte Edelsteine,
klipperdiklapp, klipperdiklapp.

Wenn der Reim erraten ist, darf sich jedes Kind einen Edelstein als Begleiter für den Tag aus dem Säckchen holen und wir bewundern ausgiebig die Vielzahl der Farben und Formen der Steine, die in unseren Händen liegen.

Der Steinkreis

Wir suchen in der Natur einen Platz, an dem wir uns wohlfühlen und an dem wir viele Steine finden. Hier versuchen wir dem, was die Natur uns bietet, eine neue Ordnung zu geben.
Wir legen z.B. aus den Steinen einen Kreis. Innerhalb des Kreises säubern wir den Boden, d.h. wir legen alle Zweige und Ästchen, kleine Steine, Zapfen usw. nach draußen. Wenn es genug Steine gibt, bauen wir in der Mitte einen zweiten Kreis oder eine Pyramide. Jetzt stellen wir uns um unseren neu gestalteten Platz und spüren wie es uns geht. Wir stellen uns in den Kreis hinein und fühlen, ob wir eine Veränderung spüren. Wir bedanken uns bei der Erde für die Steine und singen „Gottes Gaben …“

Gottes Gaben

überliefert

2. Gottes Bäume …
3. Gottes Tiere …
4. Gottes Kinder …

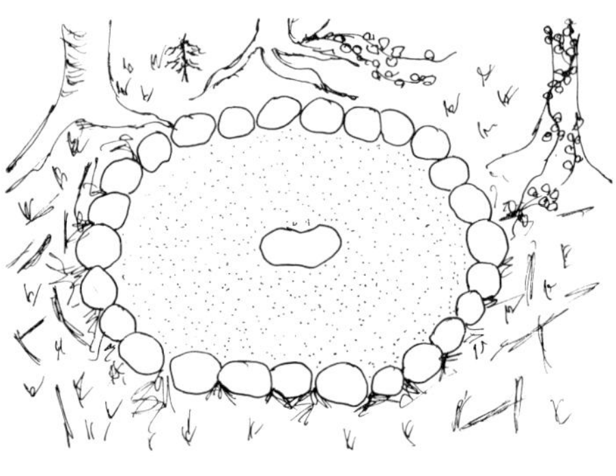

In der keltischen Kultur hatten Steinkreise eine große Bedeutung. Sie wurden an magischen Plätzen, an denen große Kräfte wirken, aufgebaut. Vielleicht können wir auch für unsere Gruppe einen Kraftplatz schaffen, den wir immer wieder besuchen.

Steine bemalen

Viel Spaß macht in der Gruppe das Bemalen von Steinen. Wir können in der Natur Steinblöcke oder große und kleine Feldsteine bemalen.
Wir benutzen Wasserfarben, die sich bei Regen wieder lösen. Wenn wir kleine Steine bemalen, übersprühen wir die Wasserfarben mit Klarlack und nehmen die Steine mit nach Hause. Es ist schön, die Sammlung bunter Steine zu betrachten und zu bestaunen.
Einfarbig bemalte Steine können wir zu einem Farbkreis legen und fehlende Farbtöne nach und nach ergänzen.

Kimspiele mit Steinen

Die Gruppenleiterin legt ein paar Steine auf den Tisch. Wir schauen uns die Steine genau an und versuchen, uns Formen, Größe und Farbe einzuprägen. Nun wird ein Tuch darüber gedeckt und alle erzählen, was sie gesehen haben. Wenn das Tuch wieder aufgedeckt wird, kann jeder noch einmal schauen, wie die Steine wirklich ausgesehen haben.
Eine Variante: Nachdem die Kinder die Steine ausgiebig betrachtet haben, schließen sie die Augen und die Spielleiterin nimmt 3 – 4 Steine weg. Die Kinder öffnen ihre Augen wieder. Wer weiß welche Steine fehlen?

Steine malen

Alle sitzen mit geschlossenen Augen um den Tisch. Jeder nimmt aus einem Korb einen Stein, befühlt ihn lange und genau. Er legt den Stein weg und darf nun die Augen öffnen und den Stein mit Farbe auf ein Blatt Papier malen, ganz so wie er ihn gespürt hat. Die Stein-Bilder werden auf den Tisch gelegt und gemeinsam ordnen wir ihnen die passenden Steine zu. Dabei erzählen sich die Kinder, warum sie die bestimmte Farbe für den Stein gewählt haben.

Eine Steingeschichte

Wir sitzen im Stuhlkreis, ein Kind steht in der Mitte und erzählt eine Geschichte. Sobald ein Wort mit „Stein“ auftaucht, z.B. steinalt, Steinhütte, usw. müssen alle den Stuhl wechseln. Der Erzähler oder die Erzählerin versucht ebenfalls einen Stuhl zu erwischen. Wer keinen Stuhl erobert hat, darf jetzt die Geschichte weiter erzählen.

Schiffchen versenken

Jedes Kind sammelt eine Hand voll möglichst kleiner Kieselsteine. Wir füllen Wasser in eine Schüssel und setzen auf die Wasseroberfläche Alubecher von Teelichtern. Nun legen die Kinder nacheinander vorsichtig je einen Stein ins Alu-Schiffchen und passen dabei auf, dass es nicht untergeht. Je voller die Schiffe werden, desto spannender wird das Spiel. Draußen am See kann man auch gefundene Rinden oder Holzstücke aufladen.
Wessen Schiffchen geht als letztes unter?

Steinschmeichler

Jeder sucht sich einen besonders schönen, glatten Stein, der in die Hand passt. Erst ist er ganz kalt, langsam erwärmt er sich, man kann ihn reiben, streicheln und Freundschaft schließen. Ein Handschmeichler – „mein Stein"!

Steingruben

Wir graben uns kleine Gruben in den Sand oder die Erde und sammeln jeder gleich viele kleine Steine, die wir vorsichtig werfen und dabei versuchen in die Gruben zu treffen. Die kleineren Mitspieler dürfen näher rangehen, die älteren werfen aus größerer Entfernung.

Steine machen Musik

Wenn wir Steine aneinanderschlagen, hören wir – je nach Größe und Beschaffenheit – ihren unterschiedlichen Klang. Wir können damit Rhythmen klopfen oder verschieden große Steine nebeneinander legen und eine Melodie wie auf einem Xylophon spielen.
Ganz kleine Steine können wir in Dosen füllen und diese als Rasseln benutzen.

Der Springstein

Wir suchen kleine flache Steine an einem See und versuchen, die Steine möglichst flach über das Wasser schlingern und hüpfen zu lassen. Bevor ein Stein untergeht, sollte er viele Hopser auf der Oberfläche des Wassers machen. Die Kinder brauchen dabei viel Zeit zum Ausprobieren und ihre Ausdauer wird auf eine harte Probe gestellt. Die Kleinsten haben viel Spaß daran, die Steine einfach ins Wasser plumpsen zu lassen.

Steinmeditation

Alle Kinder sitzen mit geschlossenen Augen im Kreis. Jedes bekommt einen Stein in die Hand und kann Form und Oberfläche ausführlich befühlen, nach Vertiefungen und Buckeln suchen. Danach gibt jeder seinen Stein an den linken Nachbarn weiter, bis jeder jeden Stein in der Hand gehabt hat. Jeder der glaubt, wieder den ersten Stein in der Hand zu halten, darf ihn festhalten und die Augen aufmachen. Sieht der Stein so aus, wie man ihn gefühlt hat?

Eine Burganlage

In einer steinreichen Gegend sammeln wir große und kleine, spitze und runde Steine und bauen damit eine kleine Burgmauer, indem wir die Steine gut ineinander passen. Da es so viel Spaß macht, bauen wir noch ein Eingangstor, einen Turm, einen Burggraben, eine Burganlage in Miniatur in der wir fantasievoll Ritter spielen können.

Versteinern

Ein Zauberer versucht seine Mitspieler zu fangen. Wird einer von ihm angetippt, versteinert der Spieler und muss in dieser Haltung mit gegrätschten Beinen stehen bleiben. Die anderen Mitspieler können den Verzauberten wieder erlösen, indem sie durch seine gegrätschten Beine krabbeln!

Steine klopfen

Bei einem Ausflug in ein Gebiet, in dem Sedimentgestein[3] zu Tage tritt, machen sich die Kinder mit Hammer und Meißel auf die Suche nach Versteinerungen. Es ist für alle sehr spannend, Abdrücke von Ammoniten und Belemniten[4], die früher hier gelebt haben, in den Steinen zu finden.
Wir nehmen uns auch genügend Zeit, alle Fundstücke zu bewundern und über das Alter der Abdrücke und damit die Entwicklung der Erde zu sprechen.

Verwitterung – ein Experiment

Es ist ein langer Weg vom nackten Fels bis zum Sand und später zum fruchtbaren Boden. Der plötzliche Regen auf einem sonnenheißen Fels, die Temperaturschwankungen von Tag und Nacht, Sonne und Frost wirken wie Sprengstoff – ein großer Fels wird dabei zerkleinert. Wir wollen das selbst erleben und legen über Nacht ein paar Kieselsteine in die Gefriertruhe. Am Morgen gießen wir sehr heißes Wasser darüber. Achtung: Die Steine bersten. Bei diesem Experiment unbedingt eine Schwimm- oder Skibrille aufsetzen.

Sand

Steine werden durch äußere Einflüsse wie Verwitterung und Wasserkraft zu Sand. Sand ist ein ganz wunderbares Spielmaterial! Gerade die kleinsten Kinder sitzen gerne im Sandkasten und backen Kuchen.

Zehn kleine Krabbelfinger
Zehn kleine Krabbelfinger buddeln heut im Sand.
Zehn kleine Krabbelfinger finden's interessant.
Zehn kleine Krabbelfinger kneten einen Kuchen.

---

[3] Durch Wasser, Eis oder Wind transportierte, meist in Schichten abgelagerte Verwitterungsprodukte der Gesteine, auch Schicht- oder Absatzgesteine genannt.

[4] Ammoniten und Belemniten sind fossile Kopffüßler.

Zehn kleine Krabbelfinger wollen ihn gleich versuchen.
Zehn kleine Krabbelfinger spielen jetzt mal Koch.
Zehn kleine Krabbelfinger buddeln ein großes Loch.
Zehn kleine Krabbelfinger gießen Wasser rein.
Zehn kleine Krabbelfinger finden das sehr fein.
Zehn kleine Krabbelfinger laufen schnell nach Haus.
Zehn kleine Krabbelfinger ruhn sich vom Buddeln aus.
Marianne Austermann, Gesa Wohlleben

Wenn wir uns mit Sand beschäftigen, können wir den Sand zunächst einfach durch die Finger rieseln lassen, Löcher hineinbohren oder zu Bergen aufhäufen. Wenn wir die Möglichkeit haben, gehen wir im Sommer an einen großen Sandspielplatz und bauen dort ein Riesentier (Wasser und Schaufeln nicht vergessen!) oder eine Landschaft mit Bergen und Flüssen. Dazu brauchen wir keine Beschreibung, nur unsere Fantasie.

Die Tröpfelburg

Für eine Tröpfelburg brauchen wir viel Wasser! Wir lassen ganz nassen Sand aus den Fingern laufen und auf den Untergrund tropfen. Es entsteht ein Tropfengebilde, das immer höher und höher wird. Wenn viele Kinder mithelfen, kann eine Burg mit vielen Türmen und Erkern wachsen.

Die Sandkugelbahn

Für unsere aus Lehm geformten Murmeln bauen wir uns im Sandkasten mit Sand und Wasser eine Riesenkugelbahn mit Brücken, Tunneln und vielen Kurven.

Herstellen von farbigem Sand

Farbigen Sand kann man kaufen, aber das Herstellen ist besonders reizvoll. Wir sammeln weiche Steine in den unterschiedlichsten Farben, z.B. Bimsstein, Ziegel oder groben Sandstein und zerreiben die Steine einer Farbe auf dem Reibeisen zu Sand, den wir fein sieben. Wir können den Sand aber auch in verschiedenen Gegenden, z. B. im Urlaub sammeln und werden feststellen, dass er überall anders ist – vom tiefsten Schwarz über Gelb- und Rottöne, bis zum reinen Weiß finden wir in der Natur alle Farben, die wir brauchen, um Sandbilder herzustellen.

Sandbilder

Sandbilder gestalten wir mit Kleister und Sand, so bleiben sie länger erhalten. Wir füllen kleine Plastikflaschen mit Tapetenkleister (dünnflüssig angerührt) und spritzen ihn in willkürlichen oder in gestalteten Mustern auf große Papierbögen. Dann überstreuen wir das Blatt mit Sand. Wenn der Kleister getrocknet ist, schütten wir den überschüssigen Sand vorsichtig vom Papier. Zurück bleibt die Kleistersandspur! Verschiedenfarbigen Sand tragen wir in mehreren Schichten einzeln auf.
Den abgeschüttelten gemischten Sand kann man gut für andere Kunstwerke gebrauchen. Wir malen mit Kleister z.B. einen Seestern, ein Seepferdchen oder einen Baum und überstreuen ihn mit dem bunten Sand!

Sandriesel-Kunstwerke

Sandriesel-Kunstwerke entstehen, wenn wir trockenen Sand langsam durch die Hand auf eine ebene Fläche rieseln lassen. Wir lassen verschiedene Formen entstehen, die immer weiter wachsen können.

Zwerge – die Elementarwesen der Erde

Das zur Erde gehörende Elementarwesen ist der Zwerg oder Gnom. Viele Kinder erzählen von ihren Begegnungen mit einem Zwerg. Es ist wichtig, den Kindern dieses Erleben nicht auszureden. Da die Kinder noch stärker mit der Natur verbunden sind als wir Erwachsene, nehmen sie viele Naturerscheinungen anders wahr und verleihen ihnen in ihrer Fantasie eine geheimnisvolle Magie.

Zwergensprüche

Es gibt sehr viele Zwergensprüche, die sich als Finger-, Puppen- oder Theaterspiele eignen und die gleichzeitig die Entwicklung der Kinder auf vielen Ebenen fördern können.

Ich sitze, ich sitze
mit spitzer Zipfelmütze,
auf einem Stein im Gras
und denke dies und das.

Ich klopfe, ich klopfe,
ich klopfe da und dort -
doch wenn du nach mir guckst -
bin ich fort.
Hedwig Diestel

Am Berge stehen, guck nur, guck,
die beiden Zwerge Pit und Puck.
Sie wispern mit den Stimmchen hell,
sie trippeln wie der Wind so schnell,
da tut`s im Berge einen Ruck,
rahum - und weg sind Pit und Puck.
Hedwig Diestel

Klippdiklapp und knickdiknack,
mit dem Säckel huckepack,
tappt im Tann ein Wicht,
früh beim ersten Licht.

Ruft der Kuckuck von dem Ast
„Guck dich um du kleiner Gast!“
Und aus ihrem engen Haus,
steckt die Maus den Kopf heraus.

Klippdiklapp und Knickdiknack,
mit dem Säckel huckepack
früh beim ersten Licht,
tappt im Tann ein Wicht.
Marianne Garff

Waldspaziergang

Bei Waldspaziergängen zu jeder Jahreszeit beschäftigen wir uns intensiv mit der Natur und allen ihren Bewohnern. Wir gehen langsam und möglichst leise durch den Wald, wir machen unsere Augen auf und entdecken die Wunder des Waldes: Wir stöbern die großen und kleinen Tiere des Waldes auf, spüren aber auch das Wirken der unsichtbaren Wesen. Unter moosbewachsenen Wurzelstöcken und ausgehöhlten Baumstämmen oder in versteckten Zweig-Haufen können wir uns den Eingang ins Zwergenreich vorstellen. Wir bauen mit Zweigen, Zapfen, Moos und anderen Fundstücken einen Garten um die Zwergenwohnung und erzählen uns Zwergengeschichten. Bei unseren Spaziergängen besuchen wir diesen Platz immer wieder, um zu schauen wie es unserem Zwergenreich geht!

Wir spielen selber Zwerg, machen uns klein, verstecken uns hinter den Bäumen, legen uns ins Moos und betrachten die Baumkronen von unten. Wir schlagen Purzelbäume im Moos oder üben Kopfstand - hier fallen wir ganz weich. Manch einer träumt vielleicht davon, auch mal im Moos zu schlafen …
Wieder zu Hause, können wir uns unser eigenes Zwergenreich gestalten. In einer kleinen Obstkiste oder einer Schachtel bauen wir eine Landschaft aus Moos, Rinde, Zapfen und Zweigen und dorthinein stellen wir unseren geschnitzten Zwerg.

Wir schnitzen Zwerge

Material: frische Haselstöcke, ca. 2 cm Durchmesser (je dicker desto länger dauert das Schnitzen) in 5 - 10 cm lange Stücke geschnitten, Schnitz-, Taschen- oder Küchenmesser, Wasserfarbe und Pinsel.

Wir spitzen unser Holzstück an einer Seite zur Zipfelmütze zu. Dazu drehen wir das Holz in der linken Hand und schnitzen mit der rechten dünne Späne ab, bis wir eine lustige Form haben. Auch Dreijährige können schon unter Aufsicht mitarbeiten, wenn wir den Gebrauch des Messers vorher gut eingeführt haben. An einer Seite schneiden wir unter der Zipfelmütze ein rundes Stück von der Rinde für das Gesicht heraus. Die Zipfelmütze können die Kinder mit Wasserfarben anmalen. Für die Kleinen ist es einfacher, wenn wir die Holzstücke an einem Ende schräg zusägen, dann ist die Zipfelmütze schon fast fertig. Wer will, kann dem Zwerg noch einen Bart aus Wolle ankleben, oder einen Mantel aus Moos anlegen, oder auch noch einen zweiten schnitzen!
Weitere Zwerge können wir auch aus Wolle oder Filz herstellen.
Bei dieser Arbeit sprechen wir wieder unser Gedicht vom Wurzelzwerg (→ siehe Seite 28)

Ein Zwergenspiel

Ein passendes Spiel, das wir als Fingerspiel, als Papptheater, Figurentheater oder Menschentheater einsetzen können, ist das Spiel von den Zwergen Eckeneck und Munkepunk.

Hier ist ein Berg - dort ist ein Berg.
In jedem Berge wohnt ein Zwerg.
Dazwischen steht ein Tannenbaum.
Und sieh, im hohen Himmelsraum
erscheint der Mond um Mitternacht -
das Zwerglein Munkepunk erwacht.
Es geht geschwind zum andern Berg
sieh da, auch dort erwacht ein Zwerg.

Der Zwerg mit Namen Eckeneck
guckt auch aus seinem Bergversteck.
Hier siehst du beide Zwerge nun,
was glaubst du, was die beiden tun?
Sie tanzen froh wie ich und du,
der Silbermond guckt ihnen zu.
Am Morgen geht der Mond nach Haus,
die Nacht ist um - der Tanz ist aus.
Zuerst verschwindet Eckeneck
in seinem dunklen Bergversteck.
Dann hüpft mit einem munt'ren Sprung
in seine Höhle Munkepunk.
Hier steht ein Berg - da steht ein Berg,
in jedem schlummert nun ein Zwerg.
Hedwig Diestel

Je nach Ausgestaltung kann uns das Spiel über einen längeren Zeitraum begleiten.
Als Beispiel sei an dieser Stelle das Papptheater beschrieben.
Wir schneiden zwei Pappen, etwa 20 × 22 cm groß, zurecht und malen auf eine einen Nachthimmel mit Vollmond und Wald. Die zweite Pappe benutzen wir als Rahmen, die Mitte schneiden wir heraus, rechts und links bleiben die Berge stehen. Diese kleben wir vor die Nachtlandschaft. Zwei Zwerge mit verlängertem Pappstreifen als Haltegriff werden gesondert hergestellt, sie werden von unten zwischen die Pappen geschoben, dann wird gespielt. Den Text schreiben wir auf die Rückseite unseres Papptheaters und die Kinder werden staunend die Geschichte miterleben.
Sie können dann auch eigene Zwergengeschichten erfinden und spielen.

WASSER

Im Wasser kann ich schwimmen, baden.
Es trägt Schiffe vollbeladen.
Wasser, das ist Bach und Meer,
eine Wolke regenschwer,
Pfütze, zugefrorner See,
Dunst und Nebel, Eis und Schnee.
Sanft und wild, verschmutzt und rein,
alles das kann Wasser sein.
Wolf Harranth

Bei der Einführung des Elements Wasser können wir wieder auf das Lied „Guten Morgen“ … (→ Seite 19) zurückgreifen. Es ist den Kindern schon bekannt und es fällt ihnen leicht Tätigkeiten zu finden, die mit Wasser zu tun haben wie z.B. trinken, spritzen, prusten, waschen, schwimmen, tauchen … Auf diese Weise begrüßen wir uns alle und stimmen uns auf das neue Element ein.
Auch beim Wasser gibt es unendlich viele Spiel- und Erfahrungsmöglichkeiten. Zuerst überlegen wir wieder gemeinsam wie und wo wir das Wasser erleben und welche Erscheinungsformen es gibt: Da purzeln die Gedanken nur so: Bach, See, Schwimmbad, Fluss, Meer, Salzwasser, Waschen, Trinken, Kochen, Dampf, Eis, Schnee, Regen …
Es ist eine Besonderheit des Wassers, dass es immer in Bewegung ist, immer einen Weg findet, sich in alle Richtungen ausbreitet, die Erde durchdringt und sogar Steine rund schleifen oder zu Sand zermahlen kann. Auch das Wasser kann Gefahren mit sich bringen, wie Sturmfluten, Überschwemmungen und Lawinen, so dass wir auch an Land nicht immer vor dem Wasser sicher sind.

Spielelement Wasser

Das Wasser als Spielelement lässt sich auf vielfältige Weise erspüren und erforschen. Wir können es aufstauen, mit Sand und Lehm zu formbarem Matsch vermengen, eine Quelle bauen, ein Wasserrad und Schiffchen schnitzen. Wir können im Wasser waten und baden oder schwimmen lernen und Boot fahren.

Das Wasser

Vom Himmel fällt der Regen
und macht die Erde nass,
die Steine auf den Wegen,
die Blumen und das Gras.

Die Sonne macht die Runde
im altgewohnten Lauf
und saugt mit ihrem Munde,
das Wasser wieder auf.

Das Wasser steigt zum Himmel
und wallt dort hin und her,
da gibt es ein Gewimmel
von Wolken grau und schwer.

Die Wolken werden nasser
und brechen auseinand,
und wieder fällt das Wasser
als Regen auf das Land.

Der Regen fällt ins Freie,
und wieder saugt das Licht,
die Wolke wächst aufs Neue,
bis dass sie wieder bricht.

So geht des Wassers Weise,
es fällt, es steigt, es sinkt
in ewig gleichem Kreise
und alles, alles trinkt!

James Krüss

Der Wasserkreislauf

Wir füllen in einen durchsichtigen Becher Erde, pflanzen eine Blume ein und gießen diese an. Einen zweiten durchsichtigen Becher kleben wir mit Klebstreifen umgekehrt über den ersten. Die Kinder können nun beobachten wie sich an diesem Dach kleine Wassertröpfchen bilden und an den Becherwänden wieder abrinnen. Die Pflanze nimmt die Feuchtigkeit vom Boden auf und gibt sie an die Luft wieder ab.

Wassertropfenmeditation

Bevor die Mediation beginnt, sucht sich jeder einen gemütlichen Platz. Jedes Kind bzw. jede Familie breitet seine Decke aus und kuschelt sich ein. Alle lauschen gespannt der kommenden Geschichte. Die Gruppenleiterin ruft Erinnerungen an einen Spaziergang am Wasser wach, an spritzende Wassertropfen, an Steine, die ins Wasser geworfen werden oder an Regentropfen, die vom Himmel fallen. Jedes Kind soll sich wie ein Wassertropfen fühlen und rollt sich zur Tropfenform zusammen. Dann erzählt die Gruppenleiterin vom Weg der Regentropfen. Wir möchten an dieser Stelle einige Anregungen geben, wie der Verlauf der Meditation sein könnte, ohne der Fantasie und Erzählfreude der Gruppenleiterin zu starre Vorgaben zu machen. Die Geschichte kann erzählen:
… von den Regentropfen, die vom Himmel auf die Erde fallen (Gras benetzen, Pflanzen tränken) und durch den Boden sickern, sich sammeln … zur Quelle werden – als Gebirgsbäche das Gestein aushöhlen (dringt in alle Ritzen) – als Wasserfall herabstürzen (rauschen, spritzen, im Sonnenlicht glitzern) – sich durch Wiesen schlängeln (Blumen, Frösche, Tiere trinken) – mit anderen Bächen zusammenfließen und breiter werden, (Fische springen, Kinder spielen im Wasser) – See – Fluss (Boote) – Strom (Städte, große Schiffe, Hafen) – Meer (Salzwasser) – da kommt die Sonne und trinkt aus dem Meer, sie schleckt die Tropfen an der Wasseroberfläche auf und nimmt sie mit nach oben – es werden mehr und sie

kuscheln sich zu immer größeren Wolken zusammen, weil es da oben so kalt ist – der Wind treibt die Wolken vor sich her und wenn sie immer dichter werden oder an einen Berg anstoßen, brechen sie auf und die Tropfen fallen wieder auf die Erde …

Die Geschichte kann beliebig ausgebaut werden, wichtig ist, dass sie reich an inneren Bildern ist, die die Kinder miterleben können. Im Anschluss daran kann jedes Kind für sich noch einmal den Weg des Wassertropfens nachempfinden, indem es ein „Wasserbild“ malt.

Wasserbilder „nass in nass“

Material: einfaches saugfähiges Aquarellpapier, eine Wanne zum Einweichen des Papiers, Malbretter bzw. Resopaltische oder eine glatte Folie auf dem Tisch, breite Pinsel, Wassergläser, kleine Schälchen für die Farbe, verdünnte Aquarellfarbe.

Nach der meditativen Wassertropfengeschichte sucht sich jedes Kind einen Platz am Tisch, bekommt ein eingeweichtes Blatt und einen dicken Pinsel. Auf dem Tisch werden Schälchen mit blauer Farbe verteilt. Zuerst malen wir nur Wasser, das Papier wird mit Pinsel und Farbe gestreichelt. Jeder kann sein eigenes Wassertropfengefühl zu Papier bringen – den Bach, den Fluss, das Meer, die Wolken, den Regen … Wenn alle das Blaumalen ausgekostet haben, werden noch ein paar Schälchen gelb und rot verteilt und jeder kann mit diesen Farben sein Bild (z.B. eine Blumenwiese, Gebirgslandschaft, Berge oder Fische im Meer) ausgestalten.
Achtung: Die Pinsel müssen immer gut ausgewaschen werden. Interessant zu beobachten ist es, wie lange auch die kleinen Kinder an einem Bild malen können und wie groß die Ruhe und Konzentration ist. Nass-in-nass gemalte Bilder drücken sehr stark die Gefühlswelt aus. Manche Kinder, besonders aber Erwachsene haben oft Schwierigkeiten mit dieser Technik, weil sich keine klare Form bilden lässt, gerade dies ist aber für viele ein sehr heilsamer Prozess.

Kleistermalen mit Musik

Material: Plastikfolie, großes festes Papier oder Tapeten, Kleister, Pulverfarbe

Musik: Dazu eignet sich besonders die „Moldau“ von Friedrich Smetana, das „Forellenquintett“ von Franz Schubert oder die „Wassermusik“ von Georg Friedrich Händel.

Der Boden wird mit Plastikfolie abgedeckt und große Papiere, z.B. Tapetenrollen, ausgebreitet. Die Gruppenleiterin verteilt warm angerührten Tapetenkleister auf dem Papier. Alle Kinder tauchen – eventuell zum Teil nach anfänglichem Zögern – ihre Hände in den Kleister und beginnen, im Rhythmus der Musik mit den Händen über das Papier zu streichen. Nach einer Weile wird Farbpulver über den Kleister gestreut: Es fasziniert, wie sich die Farbschlieren ausbreiten und mischen. Die Hände tanzen träumend zur Musik über das Papier, aber die Gedanken sind weit weg. Manche Kinder hören auf zu malen und tanzen frei im Raum herum. Andere bemerken gar nicht, wenn die Musik verstummt, so vertieft sind sie in ihre Arbeit.
Dazu gehört natürlich ein Gruppenraum oder ein Spielzimmer, in denen so großzügig mit Farbe umgegangen werden kann! Ein schöner Platz für diese Aktion ist aber auch der Garten oder die Terrasse.

Die Manschanlage

Am Spielplatz brauchen wir Wasser für unsere Manschanlage und um den Sand gut formbar zu halten. Die Kinder sollen aber auch lernen, dass Wasser kostbar ist. Sie üben, sparsamer mit Wasser umzugehen und den Verbrauch selbst zu regulieren, wenn das Regenwasser vom Dach des Hauses in eine Zisterne geleitet und gesammelt wird. So kann es von den Kindern selbst gepumpt und über ausgehöhlte halbe Baumstämme in die Lehmgrube oder in einen Wasserbottich geleitet werden. Wenn es lange nicht regnet, kann man nicht manschen oder planschen!
Die Kinder lernen auf diese Weise auch eine regenreiche Zeit zu schätzen.

Regen

Es gibt kein schlechtes Wetter, sondern nur die falsche Kleidung! Ein paar Anregungen für Regentage voller Spiel und Spaß.

Regenspaziergang

Ein Regenspaziergang ist voller Erlebnisse. Alles sieht wie frisch gewaschen aus. Alles riecht intensiver, die Blätter sammeln und speichern das Wasser. Wir können die Wassertropfen auf der Haut spüren und können zuschauen wie die Wassertropfen in die Pfütze fallen. In einer großen Pfütze können wir sogar unsere Rindenschiffchen schwimmen lassen, oder unser Spiegelbild betrachten. Dabei singen wir das „Regenlied“.

Regenlied

Text und Musik: Ulrike und Bernd Meyerholz

Regentropfenbilder

Wir lassen draußen ein Stück Tonpapier beregnen, laufen ins Zimmer und umfahren jeden einzelnen Tropfen mit Wachsmalkreide. Wir verdünnen grüne und blaue Wasserfarbe mit Wasser. Wir tropfen diese Regenfarbe mit Pipetten auf das am Boden liegende trockene weiße Papier. Die Tropfen verändern sich, wenn wir von weiter oben tropfen.

Der Regen hilft beim Malen

Die Kinder bemalen ein Blatt Papier mit Wasserfarben in verschiedenen Tönen. Dieses Papier halten wir in den Regen, die Farben laufen ineinander und es entstehen dabei wunderschöne, von der Natur gemalte Bilder.

Wir lassen es im Zimmer regnen

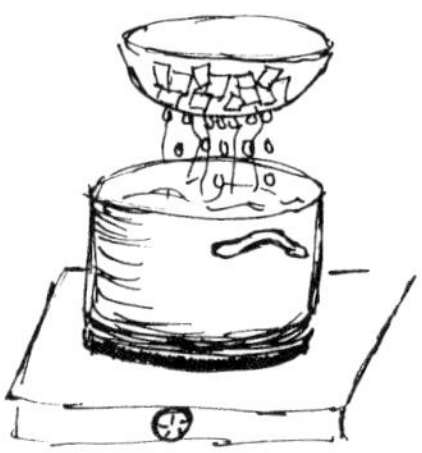

Die Gruppenleiterin bringt einen Topf Wasser zum Kochen, die Kinder sehen wie der Wasserdunst aufsteigt. Wir halten eine Schale mit Eiswürfeln über den Topf. Die Kinder beobachten wie sich an der Unterseite der Eisschale Wassertropfen bilden, die wie Regen wieder heruntertropfen.

Regenfingerspiel

Es tröpfelt,	zwei Finger tippen auf den Tisch oder Boden
es regnet,	alle Finger klopfen
es gießt,	stärker klopfen
es hagelt,	mit der flachen Hand auf Oberfläche klatschen
es blitzt,	einmal kräftig klatschen
es donnert,	mit den Fäusten auf den Tisch oder Boden klopfen
alle laufen schnell nach Hause.	Hände verstecken oder Versteck im Raum suchen

Unwetter

Wir sitzen alle im Kreis, schließen die Augen und sind ganz still. Wir müssen genau hören können, was der Spieler rechts von uns macht. Die Gruppenleiterin reibt die Handflächen aneinander. Einer nach dem anderen macht das Gleiche, das Regengeräusch wird immer stärker. Dann schnipst sie mit den Fingern und das Geräusch geht wieder reihum - man hört die Regentropfen fallen. Danach klatscht sie in die Hände und die anderen folgen wieder - ein richtiger Klatschregen beginnt, sie schlägt sich auf die Schenkel - es gibt einen Wolkenbruch. Schließlich stampfen alle mit den Füßen auf den Boden und man hört das Donnergrollen.

Dann lassen wir das Unwetter wieder abflauen so wie es gekommen ist, nur in umgekehrter Reihenfolge.
Hört der letzte Spieler auf, seine Hände zu reiben, drückt er dem linken Nachbarn die Hand. Auch das geht reihum – bis alles still ist. Dann öffnen wir die Augen und spüren die Sonne.

Wir bauen eine Quelle

Woher kommt das Wasser eigentlich? Es kommt aus dem Meer, vom Himmel, aus dem Berg, aus der Quelle! Wir schauen uns den Weg des Wassers in einem Bilderbuch an.
Wenn wir eine Quelle bauen wollen, brauchen wir Lehm. Mit Schaufeln, Eimern und Tüten ausgerüstet machen wir uns auf den Weg zur Kies- oder Lehmgrube und sehen dort, dass die Erde aus verschiedenen Schichten aufgebaut ist. Humus, Kies, Sand, Steine … und auf einer dicken undurchlässigen Lehmschicht hat sich eine kleine Pfütze gebildet; das wollen wir nachbauen. Diesen Aufbau übernehmen wir für den Bau unserer Quelle.
Für den Quellenberg schichten wir zuerst große Steine auf und schütten darüber Kies und Sand. Obenauf formen wir eine Kuhle, die wir mit Lehm abdichten und mit einem großen Quellenstein bedecken.
Nun bauen wir den „Berg“ hinunter aus Lehm ein Bachbett, das in einen See mündet. Den Hügel decken wir mit einer Schicht Erde ab, in die wir kleine Pflänzchen einpflanzen.

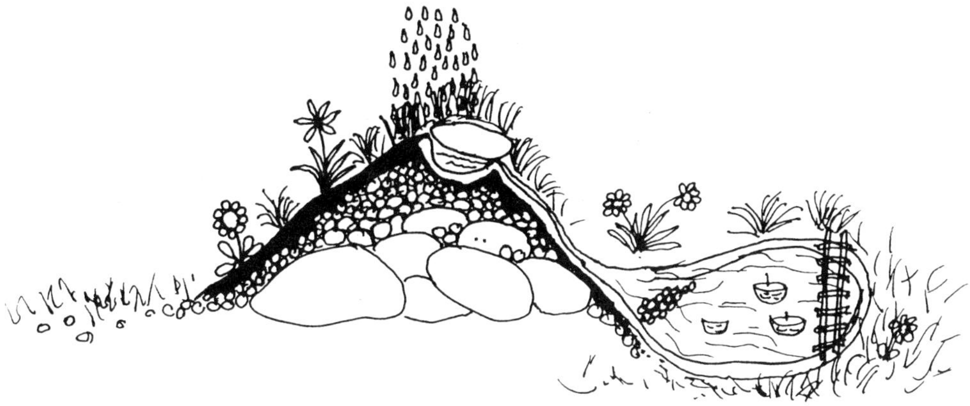

Jetzt kann es „regnen". Mit Bechern gießen wir vorsichtig Wasser auf den Berg. Es läuft hinter unseren Quellenstein, die Kuhle darunter füllt sich – und wirklich – unter dem Stein beginnt unsere Quelle zu sprudeln! Das Wasser fließt den Fluss hinab und füllt den See. Diese Landschaft ist für die nächste Zeit ein wunderschöner Spielplatz.

Wasserspiele mit und ohne Wasser

Wasserpritscheln

Kleine Kinder spritzen unglaublich gern mit Wasser, sie schöpfen es mit Bechern, schütten es um und aus, werfen Steine in Wassereimer. All diese Spiele sind wichtige Begegnungen mit dem Element Wasser, die wir unbedingt fördern sollten!

Wassereierwerfen

Das Wassereierwerfen ist eine sehr schwabbelige Angelegenheit. Wir füllen einen Luftballon voll Wasser und werfen dieses Schwabbel-Ei einem Partner vorsichtig zu. Der andere muss sehr behutsam fangen und wieder zurückwerfen.
Nach jeder Runde gehen wir einen Schritt auseinander und werfen uns das Schwabbel-Ei erneut zu – bis der Ballon platzt und einer der Mitspieler vor Nässe trieft! Ein erfrischendes Spiel für heiße Sommertage.

Kakteen-Zielwerfen

Wir schneiden aus Pappe oder Sperrholz einen großen Säulenkaktus, befestigen ihn, wenn nötig, an Holzleisten und malen ihn an. Von hinten schlagen wir Nägel durch, das sind die Stacheln. Wir lehnen den Kaktus an einen Baum und bewerfen ihn mit kleinen Wassereiern, bis sie an den Stacheln zerplatzen.

Zauberhafte Seerosen

Material: Papier, Wachsmalkreiden, Scheren

Wir zeichnen eine Seerose frei aufs Papier, malen sie kräftig mit Wachsmalkreiden an und knicken die Blütenblätter nach innen. Achtung: Die Blätter müssen etwas kleiner sein als der Mittelkreis.
Die Seerose wird vorsichtig auf die Wasseroberfläche gesetzt und wir können zuschauen wie sie langsam aufblüht, indem sich die Blütenblätter entfalten.
Auch ein einfaches Segelschiff mit kleinem Segel können wir malen, ausschneiden und so falzen, dass das Segel nicht über das Boot hinausschaut. Wenn wir es vorsichtig auf die Wasseroberfläche legen, stellt es allmählich das Segel auf.

Ein kleines Angelspiel

Material: dünne Pappe, Farbstifte, Schere, Musterklemmen

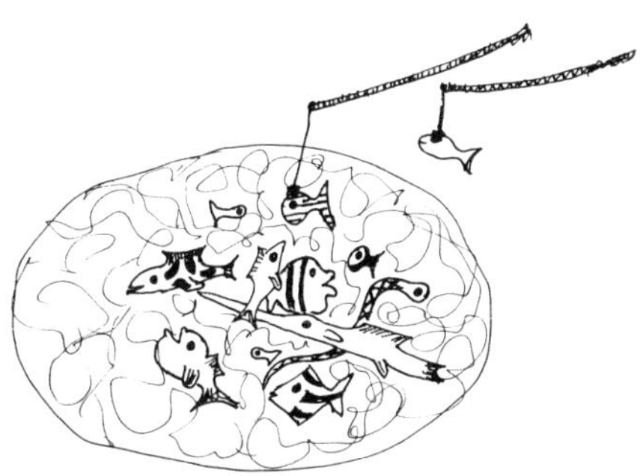

Wir schneiden viele verschiedene Fische aus dünner Pappe aus, malen sie bunt an oder bekleben sie mit buntem Papier. Als Auge stecken wir eine Musterklemme durch die Pappe. Für die Angel binden wir eine Schnur mit Magnet an einen Stock und angeln nun unsere Fische aus einem Planschbecken ohne Wasser. Die

größeren Kinder können es auch mit geschlossenen Augen versuchen. Zum Preisangeln schneiden wir die Fische aus doppelt gelegter Pappe und schreiben Nummern auf die Innenseite. Die verschiedenen Zahlen bedeuten verschiedene Preiskategorien.

Ich hab gefischt ...

Wir knien eng aneinander im Kreis, alle legen die Hände vorsichtig auf den Boden. Der Fischer kreist mit seiner Hand über den Händen der anderen und spricht:

Ich hab gefischt,
ich hab gefischt,
ich hab die ganze Nacht gefischt
und hab doch keinen Fisch erwischt -
nur ... dich!

Beim letzten Wort ziehen alle ihre Hände weg, der Fischer versucht, auf eine Hand zu klatschen.
Wer erwischt wird, ist der nächste Fischer.

Wir schnitzen Rindenschiffchen

Material: Rinden, Taschenmesser, Handbohrer, Korken, Schnur

Gemeinsam suchen wir im Wald Rinden und Holzstücke, kleine Zweige und schöne Blätter, die wir als Segel benützen können.
Wir wandern zu einem kleinen Bach und schnitzen uns dort aus den Rinden abenteuerliche Schiffe, die wir gleich schwimmen lassen können.
Manche Schiffe haben Schlagseite, manche gehen unter. Mit Korken können wir sie stabilisieren und bald treibt eine lustige Flotte auf dem Bach.
Wir können uns auch ein kleines Floß bauen, indem wir viele gleich große Stöcke eng aneinander binden, oder Korken mit Zahnstochern zusammenstecken.
Es macht auch viel Spaß, auf so einem Floß eine kleine Landschaft zu gestalten und diese schwimmende Insel im Weiher treiben zu lassen.

Bewegungsspiel

Fährt ein Schifflein auf dem Meer,	alle sitzen auf dem Boden, wiegen den
schaukelt hin und schaukelt her,	Oberkörper nach rechts und links
kommt ein großer Sturm -	pusten
wirft das Schifflein um!	alle fallen um

Nussschiffchen

Wir stecken ein Papier- oder Blattsegel über einen Zahnstocher und befestigen ihn mit Klebwachs in einer Walnusshälfte. Alternative: Wir tropfen Kerzenschiffchen. (→ siehe Seite 114).

Ein Wasserrad

Zuerst bauen wir zusammen ein großes Wasserrad. Dazu suchen wir uns zwei Stöcke mit Astgabeln, einen geraden dünnen Stock, den wir als Achse gebrauchen können und flache Holzstücke für die Schaufeln. Einen dicken Korken haben wir von Zuhause mitgebracht.

Wir schnitzen den Stock zurecht und schälen ihn ab, durchbohren den Korken längs mit einem Handbohrer, so dass der Stock durchpasst. Wir schneiden den Korken je nach Anzahl flacher Holzstücke vier oder sechs mal ein und kleben die Stücke als Schaufeln in die Schlitze. Die zwei Stöcke mit Astgabeln werden so zugespitzt, dass sie fest in das Bachbett gesteckt werden können; so tief, dass das Rad, wenn wir es in die Astgabeln legen, vom Wasser angetrieben wird.

Ein Handrad

Sind die Kinder durch den Bau des Wasserrads neugierig geworden, können sie selbst jedes für sich ein Wasserrad schnitzen. Jedes sucht sich eine Astgabel und Holz für die Schaufeln (dazu eignen sich auch gut die dünnen Bretter von Obstkisten, als Achse können wir Schaschlikspieße verwenden). Für die Achse bohren wir längs durch den Korken ein Loch. Durch die Astgabel auf jeder Seite bohren wir ebenfalls Löcher. Diese müssen aber etwas größer sein, damit sich die Achse, die wir hindurchstecken, locker drehen kann. Außen werden die Enden der Achse mit Korken gesichert, so dass die Achse nicht aus ihrer Halterung rutschen kann. Die Schaufeln werden wie beim großen Wasserrad in den Korken eingeleimt. Die Kinder laufen durch das Bachbett, halten die Astgabel ins Wasser und das Rad dreht sich!

Klein Häschen wollt spazieren gehen

Klein Häschen wollt spazieren gehn	zwei Finger der rechten Hand hüpfen
spazieren ganz allein	
da hats das Bächlein nicht gesehn,	Wellenbewegung mit linker Hand
und plumps fiel es hinein.	rechte Hand fällt auf linke Hand
Das Wasser treibts dem Tale zu	linker Arm macht große Kreisbewegungen
dort wo die Mühle steht	
und wo sich ohne Rast und Ruh	
das große Mühlrad dreht.	
Und langsam drehte sich das Rad	rechter Arm macht weiter Kreisbewegung
fest hielts der kleine Has	linke Hand schnappt rechte Hand
und als er grade oben war,	
sprang er seit ab ins Gras	linke Hand mit aufgestellten Hasenohren hüpft
Wie lief klein Häschen flink nach Haus	linke Hand läuft mit aufgestellten Ohren
vorbei war die Gefahr,	
die Mutter klopft das Fell ihm aus	rechte Hand streichelt linke Hand
bis es ganz trocken war.	

Klein Häschen

Musik: Alois Künstler

Bauen und Stauen am Bach

Im Sommer können wir einen ganzen Tag damit verbringen, einen Bach zu stauen, Brücken zu bauen und unsere Wasserräder auszuprobieren.
Auf dem Weg zum Wasser singen wir „Klein Häschen“ und andere Wasserlieder.

Der Staudamm

Staudämme lassen sich gut aus Steinen, Kies und Schlamm bauen. Wir können auch versuchen, einen langsam fließenden Bach wie ein Biber mit einem Berg von Stöcken und Zweigen aufzustauen und werden feststellen, dass die Biber sehr viel arbeiten müssen, bis ihre Burg errichtet ist.

Um die Kraft des Wassers sichtbar zu machen, setzen wir unsere Wasserräder ein. Wir machen an einer Stelle ein Loch in den Staudamm, an dieser Stelle strömt das Wasser nun besonders stark hindurch. Wir stecken zwei Astgabeln rechts und links von diesem Wasser-Durchlass in den Staudamm und legen das Wasserrad auf. Es dreht sich nun sehr schnell. Uns fallen sicher viele Möglichkeiten ein, wie wir am Bach spielen können. Wir sollten dabei aber darauf achten, das Leben im Bach nicht allzu sehr durcheinander zu bringen!

Die Knüppelbrücke

Mit ein bisschen Vorbereitung können wir uns auch eine Brücke bauen. Dazu brauchen wir zwei dickere Stämme, die wir gerade über den Bach legen können. Wir sägen uns Äste zurecht, die wir dicht nebeneinander quer über die Stämme legen, und binden diese mit Schnur an den Stämmen fest. Schon ist unsere Brücke fertig! Von hier können wir unsere Handräder ins Wasser halten, Schiffchen einsetzen oder einfach nur das Leben im Wasser beobachten.

Wundersame Welt am Wasser

Beobachtungen und Entdeckungen

Mit Becherlupen ausgerüstet wandern wir zu einem kleinen Tümpel, um das Leben am Wasser zu erforschen: Schon von weitem hören wir das Quaken der Frösche. Einer nach dem anderen springt ins Wasser, als wir uns nähern, und wir schauen ihnen zu wie sie davonschwimmen.
Was schwimmt und taucht denn noch hier im Wasser? Jeder von uns macht eine Entdeckung:

- Die Wasserläufer huschen über die Wasseroberfläche.
- Die Rückenschwimmer liegen auf dem Rücken und bewegen sich rudernd durch das Wasser.
- Froschlaich klebt zwischen Steinen am Ufer und mit der Becherlupe entdecken wir die werdenden Kaulquappen. In den nächsten Tagen können wir beobachten, wie sich aus den Kaulquappen allmählich Frösche entwickeln.
- An einem Schilfstengel beobachten wir eine Libelle beim Schlüpfen und suchen im Wasser erfolgreich nach weiteren Larven.
- Wir finden auch Larven von Eintags-, Stein- und Köcherfliegen.

- Wir entdecken im Wasser, gleich unter der Oberfläche, den Wasserschlauch, eine fleischfressende Pflanze und finden zwischen den geschlitzten Blättern kleine Fangblasen mit winzigen Wassertierchen drin.
- Am moorigen Ufer wächst das Alpenfettkraut mit den leicht eingerollten Blättern auf denen kleine Fliegen festkleben.
- Ganz selten sieht man auch unsere dritte heimische Räuberpflanze, den Sonnentau, mit den klebrigen Haaren.

Uns beeindruckt, dass der Tümpel voller Leben ist, obwohl er von weitem ganz ruhig aussah.
Wer zu Hause ein Mikroskop hat, kann beobachten, dass es sich in jedem Wassertropfen bewegt.

Das Wasser lebt!

In dem Lilililileilasee, wohnt die Lilililileilafee,
unterm Lilililileilatisch, schwimmt der Lilililileilafisch,
kommt die Lilililileilamaus, schwimmt der Fisch
zum Tor hinaus.
Irmgard von Faber du Faur

Zu diesem Spruch denken wir uns je nach Gelegenheit passende rhythmische Bewegungen aus. Wir können uns zum Beispiel Bälle oder Kastanien rhythmisch zuwerfen.

Die Elementarwesen des Wassers

Die Elementarwesen des Wassers sind die Undinen oder Nixen. Wir erleben sie in schaukelnden Wellen, fließenden Bächlein, überschäumender Gischt und in den aufsteigenden Pflanzensäften. In Märchen, Geschichten und Sprüchen tauchen die Wassergeister meist als Nixen auf.

Nixen
In der hellen Plätscherquelle,
In der schnellen Wasserwelle,
In des Flusses Flüsterflut,
In der Woge wohnt sich's gut …
Hedwig Diestel

Wasser und Seife

Material: Jogurtbecher, Strohhalme, Kernseife, Wasser

Seifenblasen

Wir blasen und blubbern mit einem Strohhalm in unseren mit wenig Wasser (am besten Regenwasser) und ein paar Kernseifen-Spänen gefüllten Jogurtbecher, bis die zarten, schillernden Seifenblasen-Gebilde über den Rand des Bechers quellen.
Mit Vorsicht und Übung schaffen wir es, die bunt schillernden Seifenblasen mit dem Strohhalm in die Luft zu schicken.
Kurz vor dem Platzen – wenn sich farblose Zonen bilden – muss man aufhören zu blasen.

Riesenseifenblasen

Material: Stöcke, Blumendraht, dickerer Draht, Bleistift, Pinselstiel oder dicke Stricknadel, Seifenlauge

Wir wickeln Blumendraht über eine dicke Stricknadel oder einen Bleistift. Wir ziehen diese Spirale von der Nadel ab und stecken einen dickeren Draht durch. Spirale und Draht biegen wir nun zu einem Kreis und befestigen diesen Kreis an einem Stock. Wir biegen die Drahtschlinge dann rechtwinklig zum Stock ab. Fertig ist der Seifenblasenzauberstock. Wir tauchen ihn nun in die Seifenlauge, die nicht schäumen darf. Wenn wir die Seifenblasenschlinge nun durch die Luft ziehen, schweben riesige Seifenblasen davon.

Rezept Seifenlauge
1,5 kg Zucker in 1 l Wasser auflösen,
3/4 l Neutralseife (Haka) zugeben,
25g Tapetenkleister überstreuen und mit
9 l warmem Wasser auffüllen und umrühren,
über Nacht stehen lassen.

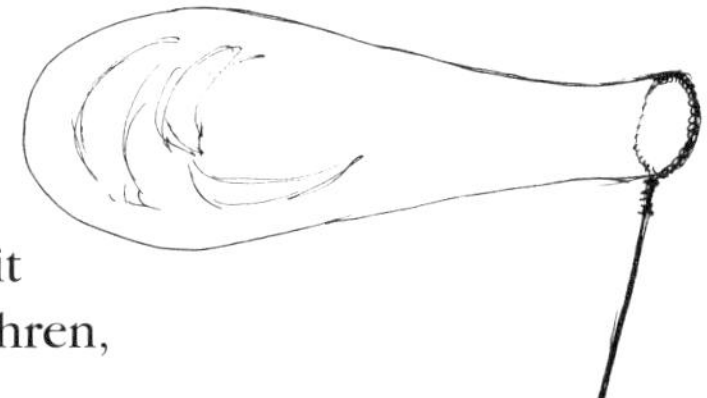

Seifenblase

Ein Glanz schwebt in die Weite
ein Glashaus kugelrund.
Wer wohnt in seinem Innern?
Ein Hauch aus seinem Mund.

Dort wo dein Haus aus Glitzern
mit feinem Klang zerschellt,
spring, Hauch, heraus und rufe:
„Ich grüß dich, schöne Welt"
Josef Guggenmos

Die Wasserrutschbahn

Material: Plastikfolie, Kernseife, Wasser

Auf einem etwas abschüssigen Wiesenhang breiten wir eine etwa 5 m lange Plastikplane aus und machen sie mit Kernseifenwasser schön glitschig, jetzt schon kann die lustige Rutschpartie beginnen: Auf dem Po, auf dem Bauch, Kopf oder Füße voran, rutschen oder kullern die Kinder die Bahn herunter. Am schwierigsten ist es natürlich, wieder hinaufzukrabbeln. Ab und zu schütten wir ein wenig Wasser nach, damit die Rutschbahn glitschig bleibt.

Im Wasser spielen

Wenn sich genügend Eltern finden, die mitmachen, können wir mit der Gruppe auch ins Schwimmbad gehen. Die Anzahl an Kindern und Erwachsenen sollte gleich sein. Hier ein paar Tipps zur Wassergewöhnung.

Wassergewöhnung
Jedesmal bevor wir ins Wasser gehen, bewegen wir uns, damit wir ganz warm werden und die Kinder mit der Gruppe und den Geräten „warm“ werden. Zur Annäherung an das Element Wasser trägt auch das Spielen einer kleinen Geschichte bei, zum Beispiel: Wir gehen spazieren, es fängt an zu regnen, wir patschen durch Pfützen,

Auf unsrer Wiese gehet was Volkslied, Text: Heinrich Hoffmann von Fallersleben

2. Ihr denkt, es ist der Klapperstorch,
watet durch die Sümpfe,
er hat ein weißes Jäcklein an,
trägt auch rote Strümpfe,
fängt die Frösche:
schnapp, wapp, wapp,
klappert lustig: klapperdiklapp.
Nein, es ist die Störchin!

wir springen darüber, wir spritzen die anderen mit den Füßen nass. Wir fassen uns an den Händen und die Eltern heben die Kinder über Wassergräben. Wir balancieren auf Baumstämmen vorsichtig über Bäche. Wir hüpfen wie Frösche und steigen wie Störche durchs nasse Gras und singen dabei „Auf unsrer Wiese gehet was" Die Eltern sind die Störche, fangen mit ihrem Schnabel (Arme) die Frösche und schütteln sie.

Dann gehen Störche und Frösche ins Schwimmbad:

Wir fassen uns alle an den Händen (wichtig: immer ein Kind und ein Erwachsener abwechselnd) und bilden eine lange Schlange, die sich durch die laufenden Duschen bewegt und vorsichtig in das Wasser gleitet. Wir durchwandern das ganze Becken und machen die Kinder mit ihrer neuen Umgebung vertraut.

Spielideen

Die Schlange aus Eltern und Kindern bildet einen Kreis und wir spielen:

Ringel, ringel Reihe, wir sind der Kinder dreie,
wir sitzen unterm Hollerbusch und machen alle busch, busch, busch!

Ringel, ringel Rosen, schöne Aprikosen,
Veilchen und Vergissmeinnicht alle Leute setzen sich!

Bei der jeweils letzten Zeile geht jeder so weit unter Wasser, wie er sich traut. Die Reime werden fortgesetzt:

Da kommt die große Fledermaus
und zieht die Kinder wieder raus!

Mit großem Hallo werden die Kinder zwei-, dreimal aus dem Wasser gehoben.

Danach fahren wir noch Karussell:

Die Kinder nehmen die Beine hoch, die Eltern laufen, immer schneller, immer schneller im Kreis und wechseln dann die Richtung.

Wir halten uns wieder im Kreis an den Händen, wenn wir in die Mitte gehen, liegen die Kinder auf dem Bauch, wenn wir nach außen gehen, liegen die Kinder auf dem Rücken und strecken den Bauch raus. Oft wiederholen. Später können die Kinder auch noch mit den Beinen strampeln, „den Motor anstellen“.

Wir kommen in der Mitte zusammen und versuchen jeder von oben ein Loch ins Wasser zu blasen, wer sich traut, blubbert lauter Blasen ins Wasser. Die Kinder blubbern ins Wasser, wenn sie bäuchlings in die Mitte gezogen werden und atmen ein, wenn sie auf dem Rücken nach außen fahren.

Wir spielen Mühlrad

Erste Variante:

Die Mühle geht langsam, die Mühle geht langsam,	Alle nehmen sich an den Händen (je 1 Kind, 1 Erwachsener) und gehen langsam im Kreis.
das Rädchen geht schneller, das Rädchen geht schneller,	Schneller gehen.
das Wasser kommt, das Wasser kommt!	Laufen und die Kinder hochziehen.

Zweite Variante:

Ich zähle bis Zehn -	Alle gehen im Kreis.
die Mühle bleibt stehn!	Alle bleiben still stehen.
Ich zähle bis Hundert - das Mühlrad taucht unter!“	Alle tauchen unter so weit sie sich trauen.
Ich zähle bis Tausend - die Mühle geht sausend!	Jetzt müssen die Eltern wirklich sausen, so dass die Kinder mitgezogen werden.

Jedes Kind bekommt einen Jogurtbecher und darf Mutter oder Vater das Wasser über den Kopf schöpfen. Umgekehrt machen dies dann die Eltern bei ihren Kindern. Das Ziel soll sein, das Wasser nicht aus den Augen zu reiben, sondern ruhig über das Gesicht laufen zu lassen. Die Kinder klettern jetzt allein aus dem Wasser und springen vom Beckenrand wieder hinein. Manche brauchen noch die Hände der Eltern, die anderen werden im Wasser aufgefangen.

Zur Belohnung dürfen die Kinder nun ausruhen. Sie legen sich im Wasser ruhig auf den Rücken. Die Eltern stehen zwischen den Beinen der Kinder, halten sie unter dem Rücken und schieben sie vorsichtig durch das Wasser. Die Kinder legen dabei den Kopf auf das Wasser wie auf ein Kopfkissen und machen die Augen zu. Wir singen ein Schlaflied.[5]

Erfahrungen mit Eis und Schnee

Der Stein

Ein kleines Steinchen rollte munter
von einem hohen Berg herunter.

Und als es durch den Schnee so rollte,
ward es viel größer als es wollte.
Da sprach der Stein mit stolzer Miene:
„Jetzt bin ich eine Schneelawine".

Er riss im Rollen noch ein Haus
und sieben große Bäume aus.
Dann rollte er ins Meer hinein, -
und dort versank der kleine Stein.
Joachim Ringelnatz

Eis ist ein ungewöhnliches, erstaunliches Material, es regt zum Forschen und Spielen an:

- Eis ist gefrorenes Wasser
- Eis schmilzt
- Eis schwimmt
- Eis hat Kraft
- Eis klebt
- auf Eis kann man gleiten

[5] Weitere Anregungen zur Wassergewöhnung und zum Schwimmenlernen finden Sie im Arbeitsheft „Erfahrungen mit Wasser" des Eltern-Kind-Programm e.V. (→ Adresse, Seite 142)

Ein kleiner Pinguin

Text und Musik: Fredrik Vahle

2. Zwei kleine Pinguine laufen übers Eis.
   Pitsch, patsch, Pinguin, sie watscheln schon im Kreis.
   Und der Nordwind weht übers weite Meer.
   Pitsch, patsch, Pinguin, da friern sie aber sehr.
   Und jeder sucht sich einen andern Pinguin.
   Pitsch, patsch, Pinguin, sie kitzeln sich am Kinn.

3. Vier kleine Pinguine …

4. Acht kleine Pinguine …

Eisspiele

Jeder hat Eis mitgebracht. Eiswürfel aus der Gefriertruhe, einen Eiszapfen oder ein Stück aus einer gefrorenen Pfütze. Eiswürfel sind glatt und rutschig, sie sind hart und kalt.

- Wir spielen damit Eisboccia. Wir schleudern die Eiswürfel über den Fußboden, auf ihrem Schmelzwasser rutschen sie gut.
- Wir spielen Eisstockschießen mit Eisscheiben, die wir auf Tellern gefroren haben. Sie flutschen auf dem Tisch hin und her und wir müssen aufpassen, dass sie nicht herunterfallen.

- Wir können auch versuchen, die Scheiben mit Strohhalmen über den Tisch zu blasen, wir blasen durch den Strohhalm mit unserer warmen Atemluft Löcher in die Eisscheiben.
- Ein einfacher physikalischer Versuch: Wir schmelzen Eiswürfel in einem Topf auf der Kochplatte, und den Wasserdampf fangen wir mit einem Topfdeckel auf, den wir darüber halten.
- Wir schauen zu, wie Eiswürfel im Wasser schwimmen und vergleichen es mit Eisbergen in Bilderbüchern.
- Wenn wir gefrorenes Obst auf das Wasser legen, können wir beobachten, dass es langsam untergeht, wenn es auftaut.
- Eiswürfel können wir mit Salz aneinander kleben!
- Wasser dehnt sich beim Gefrieren aus: Wir füllen Wasser in ein Glas, zeichnen den oberen Rand des Wassers mit einem Fettstift an und stellen es in die Gefriertruhe. Am nächsten Tag sehen wir, dass es deutlich mehr geworden ist. Bei geschlossenen, mit Wasser gefüllten Flaschen müssen wir sehr aufpassen, denn sie zerplatzen in der Kälte.

Schneespiele

Es schneit. Leicht, locker und sanft legen sich die Flocken aufeinander und bilden eine Schneedecke, die den Pflanzen und Tieren darunter Wärme und Feuchtigkeit spendet. Der Schnee bietet Anlass zu vielen Spielen und Entdeckungen:

- Wie schaut der Schnee unter einer Lupe aus? Wer entdeckt verschiedene Kristalle?
- Auf unserer Hand schmelzen die einzelnen Schneeflocken sehr schnell. Viele Schneeflocken neben und übereinander schauen ganz weiß aus.
- Wenn viel Schnee gefallen ist, können wir uns hineinfallen lassen, der Schnee ist ganz weich.
- Wir können unsere Körper im Schnee abdrücken, so dass sie aussehen wie Vögel oder Engel.
- Auch die Hände und Gesichter können wir abdrücken und natürlich Fußspuren legen.
- Wer hat schon Fußspuren von Tieren entdeckt?
- Wir können den Schnee auch formen, am leichtesten sind Schneebälle. Wer hat keine Lust zu einer lustigen Schneeball-

schlacht? Der kann auf Zäune oder Pflöcke dicke Schneekugeln setzen, mit den Schneebällen darauf zielen und sie herunterschießen. Oder alle versuchen einen Baumstamm mit den Schneebällen zu treffen.

- Wir machen den Bäumen Schneegesichter, lachende, traurige, freche. Mit alten Blättern oder Gräsern verzieren wir sie.

Schneetiere und Iglu

In einem schneereichen Winter häufen wir in gemeinsamer Arbeit mit Händen und Schaufeln soviel Schnee auf, dass wir nicht nur Schneemänner sondern auch Drachen, Dinosaurier oder sogar ein heimeliges Iglu bauen können, in das alle Kinder hineinpassen.

LUFT

Ohne Luft kann ich nicht sein:
Ich atme aus und atme ein.
Luft ist wo der Himmel lacht,
ein Vogel kreist, der Donner kracht.
Flugzeug, Drachen, Luftballon,
Wind und Sturm und Radioton,
Blasmusik und Blumenduft –
alles das ist in der Luft.
Wolf Harranth

Zum Einstieg in das Element Luft machen wir einen Luftsprung und singen das Lied „Ich nehm die Hände voll Luft". Gemeinsam mit den Kindern überlegen wir, wie und wo wir Luft erleben: Wir atmen Luft ein und aus, wir kennen den Wind, der die Bäume rauschen lässt, das Wasser, die Wolken und das Kornfeld bewegt oder die flirrende Luft in der Mittagshitze. Auch Töne und Musik werden durch einen Luftstrom erzeugt.

Ich nehm die Hände voll Luft

aus Holland

Der Atem

Die Luft ist lebenswichtig für alle Lebewesen, für Menschen, Tier, Pflanzen und kleinste Organismen. Wir atmen die Luft ein, sie spendet Sauerstoff, der Leben erst möglich macht.

Bewusstes Atmen

Um die Bedeutung der Luft einmal ganz bewusst zu erleben, stellen wir uns hin, heben die Arme und atmen ganz tief ein. Wir lassen den Oberkörper nach vorne fallen und atmen aus. Durch das mehrfache Wiederholen der Bewegung nehmen wir die Atemtätigkeit unseres Körpers wahr.

Beruhigende Atemübung

Wir legen uns auf eine Decke, schließen die Augen und achten auf Einatmung und Ausatmung. Wir atmen dabei möglichst durch die Nase ein und durch den Mund aus. Diese Übung kann jeder zu Hause vor dem Einschlafen oder zu einem anderen Zeitpunkt machen. Sie führt uns zur Ruhe und bringt uns wieder ins Gleichgewicht.

Atem-Pustebilder

Material: Papier, Wasserfarbe, Strohhalme

Mit unserem Atem können wir sogar malen. Wir geben verschiedene Kleckse dünner Wasserfarbe oder Aquarellfarbe aufs Papier und verblasen sie mit dem Strohhalm. Die Farbe vermischt sich, hinterlässt Spuren, es bilden sich bunte Wege und Flecken. Besonders schön werden die Kunstwerke, wenn wir verdünnte Aquarellfarbe auf nassem Aquarellpapier verblasen.

Der Wind

Was fliegt um alle Ecken?
Was will uns alle necken?
Es ist der Herbstwind, huuh!
Bläst weg den Hut um Nu!

Wir wollen den Wind richtig erleben, spüren und ergründen, wir wollen schauen, was er alles kann. Dazu haben wir uns allerlei luftige Spielereien ausgedacht. Zuerst halten wir´s mit Wilhelm Busch und probieren aus, was er empfiehlt:

Jeder leckt den Finger halt
und hält ihn hoch geschwind.
Die Seite, wo der Finger kalt,
von da her weht der Wind!
Wilhelm Busch

Wir machen Wind

Die Kinder pusten sich gegenseitig an, zuerst ganz vorsichtig und leicht, dann immer stärker bis ein Sturmwind heranbraust.
Wir benutzen dazu auch einen Strohhalm und können jetzt gezielter blasen, in die Haare, an die Nase, an den Hals …
Wir machen die Windgeräusche nach, vom leichten Wind bis zum Sturmgebraus.

Was können wir alles durch den Raum pusten? Trockene Blätter, Federn, Tischtennisbälle, Watte …
Wir spüren die Luft, wenn wir uns einen Fächer falten und uns selbst oder anderen damit Luft zufächeln.
Wir sehen den Luftzug, wenn wir vorsichtig in eine Kerzenflamme pusten und ihre Bewegungen beobachten.
Mit einem Fön lassen wir Papierschnitzel herumfliegen.
Wir spielen das Lied: „Komm, stell dich mal mit mir in den Wind," und werden zu Bäumen, Vögeln, Segelbooten … Geübte Dichter denken sich immer wieder neue Strophen aus.

Komm stell dich mal mit mir in den Wind

Text und Musik: Dorothée Kreusch-Jacob

2. Komm, lass dich einfach treiben im Wind, dann spielen wir, dann spielen wir, dass wir zwei Segelschiffe sind.
3. Komm, lass die Haare zausen im Wind, dann spielen wir, dann spielen wir, dass wir zwei Struwelpeter sind.

Viele Bäume stehn im Kreise,
die Luft bewegt die Blätter leise.
Da kommt der Sturmwind angezogen
und hat die Bäume all gebogen.
Der Sturmwind knickt auch Bäume um,
die Blätter tanzen im Kreis herum.
Doch ist der Sturmwind wieder fort,
stehn alle Bäume an ihrem Ort.
Hedwig Stenzel

Dieser Kniereiter macht zu Hause Spaß, wir können ihn aber auch in einer langen Reihe am Boden sitzend in der Gruppe spielen:

Der Wind, der Wind
der schaukelt mein Kind
zu dumm, zu dumm
mein Kind fällt ja um!

Mit Luft Töne erzeugen

Wir erinnern uns an das Geräusch heulender Stürme, an raschelnde Blätter und an die Töne, die wir bei unseren Pustespielen erzeugt haben. Auch die eigene Stimme wird durch einen Luftstrom erzeugt. Jedes Kind darf jetzt mal ausprobieren, welche Geräusche es mit seiner Atemluft erzeugen kann: es wird geprustet, gelacht, gepfiffen, gesungen, gesprochen, auf dem Arm geblasen ... Wichtig ist, alle neuen Ideen in der Gruppe aufzugreifen und auszuprobieren – die Kinder sind da sehr erfinderisch!
Beim nächsten Versuch nehmen wir noch einige Hilfsmittel dazu, und jeder versucht sein Glück. Wir blasen auf einem Grashalm oder pfeifen auf einem Efeublatt wie der Jäger, der das Wild anlockt. Wir versuchen auf dem Kamm und über wassergefüllte Flaschen zu blasen. Wir holen noch richtige Musikinstrumente dazu: verschiedene Flöten, Mundharmonika, Trompete ... und jeder darf sie ausprobieren!
Wenn wir über eine größere Entfernung gehört werden wollen, basteln wir uns aus festem Papier ein Megaphon. Dazu schneiden wir einen Halbkreis aus und kleben die zwei Kanten zusammen.
Wir blasen mit einem Strohhalm in ein Glas Wasser und lassen es richtig blubbern. Mit ein bisschen Kernseife gibt's Seifenblasen! (→ siehe Angebot, Seite 66)

Bei all diesen Spielereien ist es wichtig, die Anregungen aus der Gruppe aufzunehmen und in den Ablauf mit einzubauen. Für die Gruppenleiterin bedeutet das, dass sie mit ihrer Aufmerksamkeit ganz dabei sein und auf alle Kinder gut achten muss. Außerdem braucht sie eine gewisse Flexibilität um die neuen Ideen aufzugreifen!

Ein Windklangspiel

Wir bauen uns ein Windspiel, und können wieder auf die Luftbewegungen lauschen. An einen schönen Zweig hängen wir dünne Schnüre, an denen wir verschiedene Gegenstände wie Schneckenhäuser, kleine Hölzer, Muscheln, getrocknete Samenkapseln usw. befestigt haben. Das Windspiel hängen wir ans offene Fenster oder nach draußen und wir können den Wind darin hören und sehen.
Bei dieser Arbeit können kleinere und größere Kinder mithelfen. Manche sammeln das Material, andere fädeln die Fundstücke auf und die geschicktesten machen die Knoten. Jeder Einzelne macht dabei seine eigenen Erfahrungen, wobei das Befühlen des Naturmaterials eine der wichtigsten ist. Es regt den Tastsinn der Kinder an und hilft, Ehrfurcht vor der Natur zu entwickeln.

Knuper, knusper, knäuschen

Volksweise

Kanon zu 3 Stimmen

Bewegte Windspiele

Das Element Luft können wir am besten spüren, wenn wir uns draußen bewegen und dadurch unsere eigene Atemtätigkeit verstärken und gleichzeitig spüren, dass der Wind überall, mal ganz schwach als Lufthauch, mal stärker als Böen um uns wirkt.
Alle folgenden Wind-Lauf-Spiele motivieren die Kinder zu verstärkter Bewegung an der frischen Luft.

Das Windrad

Material: Papier, Farbe, Schere, Perlen, Draht, Stock

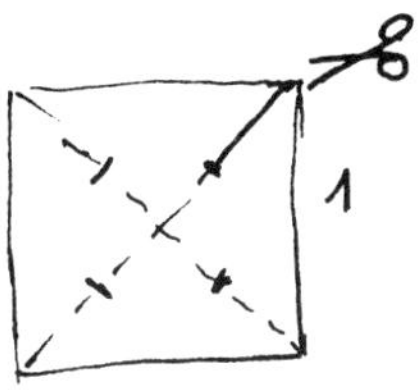

Die Kinder malen ein quadratisches Blatt Papier farbig an. Dann wird das Papier zweimal diagonal gefaltet und wieder geöffnet. Entlang der vier Bugfalten wird das Blatt bis etwa zur Hälfte eingeschnitten, so entstehen vier Dreiecke, die in der Mitte zusammenhängen. Nun wird jeweils die gleiche Ecke eines jeden Dreiecks in der Mitte mit dem Finger fixiert. Auf Draht fädelt man eine Perle, steckt den Draht durch die fixierten Ecken, fädelt erneut eine Perle auf und befestigt das Windrad an einem Stock. Das Windrad kann sich nun leicht zwischen den zwei Perlen drehen.

Die Kinder können damit durch den Garten sausen.

Das Laufrad

Material: Karton, Wachsmalkreiden

Auf eine Pappe wird ein im Durchmesser ca. 15 cm großer Kreis aufgezeichnet. Die Kinder bemalen ihn bunt. Von der Mitte her schneiden wir 12 gleich große Zacken ein und lassen einen 5 cm breiten Rand stehen. Die Zacken werden abwechselnd nach links und rechts geknickt. Der Wind treibt dieses Rad vor sich her. Wir können es uns aber auch gegenseitig zuwerfen.

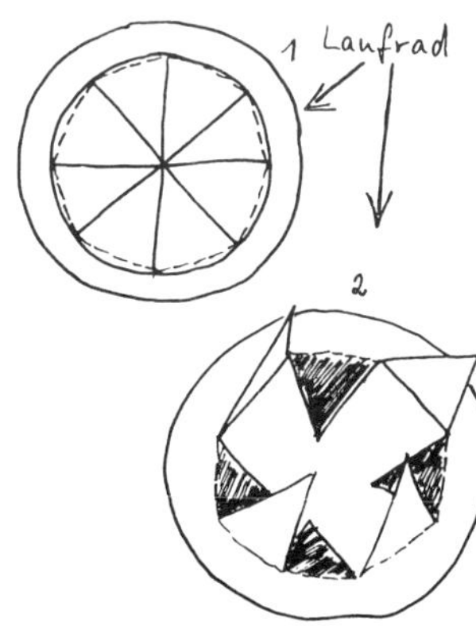

Wir bauen einen Drachen

Zur Höhe fliegt's bei gutem Wind
an einem Faden hält's das Kind.
Gefertigt ist es von Papier,
schnell, liebes Kind, nun sag es mir!

Einen Drachen selbst zu bauen, scheint auf den ersten Blick gar nicht so einfach, deshalb werden häufig die Drachen bevorzugt, die man fertig kaufen kann. Wir stellen einen ganz einfachen Drachen vor, der auch von Kindern leicht nachgebaut werden kann und der doch flugtüchtig ist. Es ist der Vorläufer aller Drachen! Viel Spaß!

Material: Din A4-Papiere, Wachsmalkreiden, Schnur, farbiges Papier, Kleber, Holzstäbchen

Wir falten ein Blatt Papier quer in der Mitte zusammen, klappen es wieder auseinander, drehen es um und knicken die linke obere und rechte obere Ecke jeweils entlang der gestrichelten Linie diagonal nach innen ein. Faltet man nun erneut die Mittelfalte nach hinten um, ergeben sich die beiden Drachenflügel.

Die Kinder malen den Drachen nun schön bunt mit Wachsmalkreiden an. Anschließend binden sie farbige Papierstreifen wie Propeller an eine Schnur, das wird der lange Schwanz des Drachens.

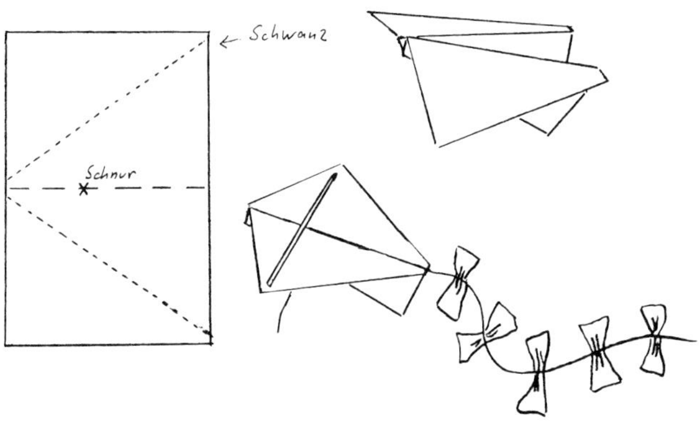

Wir legen die Schwanzschnur in die „Bauchfalte" des Drachens und kleben die „Bauchfalte" zusammen. Ein Holzstäbchen, quer über die Drachenflügel geklebt, gibt dem Drachen die nötige Stabilität.

Jetzt wird unterhalb der größten Spannweite ein Loch gestochen, das Loch mit Klebestreifen verstärkt, damit nichts ausreißen kann und anschließend die Schnur zum Fliegenlassen angebunden.

Auf gehts – hinaus auf die Wiese! Die Kinder ziehen meist den Drachen im Lauf hinter sich her, aber mit einiger Übung schaffen sie es, ihn richtig in den Wind zu halten, so dass er sehr hoch steigen kann.

Mein Drachen (Wenn der frische Herbstwind weht)

Text: Albert Sixtus, Musik: Richard Rudolf Klein

2. Und er wackelt mit dem Ohr,
wackelt mit dem Schwänzchen.
Und er tanzt den Wolken vor,
hui, ein lustig Tänzchen.

Papierflieger

An dieser Stelle möchten wir alle Gruppenleiterinnen an die Papierflieger ihrer Kinderzeit erinnern und bitten, die eigenen Kenntnisse an die Kinder weiterzugeben. Vielleicht sind hier ja einige Väter die Spezialisten?!

Blaseschiffchen

Lasst uns zu dem Wasser gehn
dort wo Schilf und Weide stehn
wir blasen unser Schifflein an
damit es besser schwimmen kann!

Ein quadratisches Blatt Papier wird diagonal gefaltet, das so entstehende Dreieck wird entlang der gestrichelten Linie zusammengelegt. Das Blatt wird nun wieder vollständig auseinandergefaltet. Anschließend wird der rechts oben liegende Teil entlang der gestrichelten Linien nach innen unter den größeren Teil geklappt und alle Kanten stark geknickt. Unser Blaseschiff steht jetzt auf dem Kopf - nun drehen wir es also um. Jetzt können wir es auf dem glatten Tisch oder Boden vorwärtspusten.

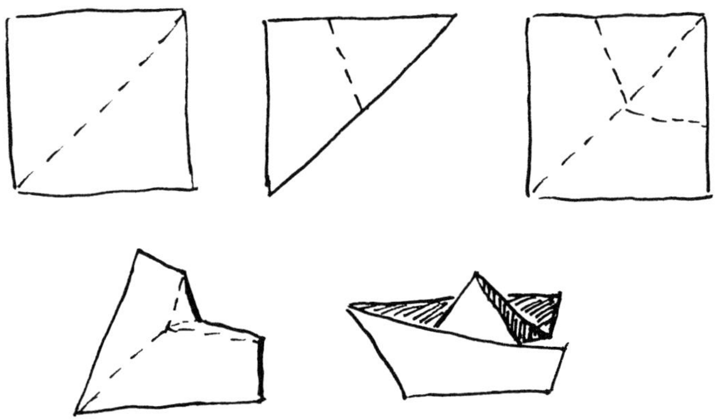

Strohwindmühle

Man braucht dazu einen frischen Strohhalm, den knicken wir zweimal um, so dass ein Dreieck entsteht. In die längste Seite des Dreiecks machen wir einen kleinen Einschnitt und stecken das freie Ende hindurch. Auf dieses Ende wird ein dickerer Strohhalm gestülpt, der vorn in vier Teile zerschnitten wurde. Diese vier Teile werden nach außen gebogen und ergeben die Windmühlenflügel. Bläst man nun vorsichtig in das offene Ende, surrt das Windrad los.

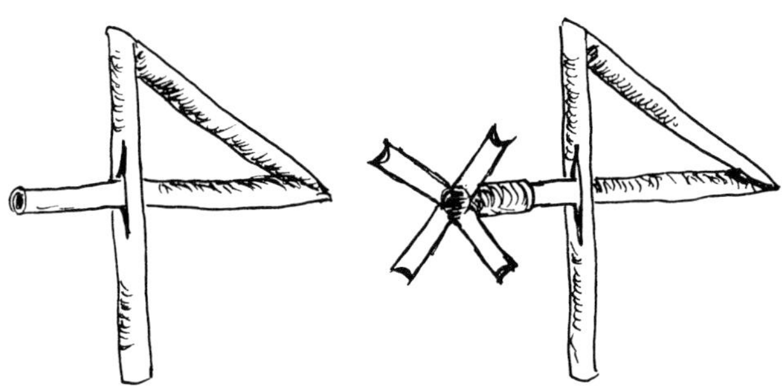

Spirale

Material: festes Papier, Farbe, Schere, Faden

Im Winter schneiden wir aus einem festen, auf beiden Seiten bemalten Papier eine Spirale aus und befestigen in der Mitte einen Faden. An diesem Faden hängen wir die Spirale über eine Heizung und können so die Bewegung sehen, die durch die aufsteigende warme Luft entsteht.

Wolkenbilder

Material: Papier, Wasserfarbe, Pinsel

Mit Wasserfarben lassen sich auch wunderschöne Wolkenhimmelbilder malen. Wir beobachten (am besten entspannt auf dem Rücken liegend) mit unserer Gruppe den Himmel, die Wolkenbildung und das Ziehen der Wolken. Das kann man auch zu Hause zur Entspannung immer wieder tun. Danach malt dann jeder sein Himmelsbild.

Jonglieren

Material: Jongliertücher oder kleine leichte Halstücher

Ein sehr luftiges Spiel ist das Jonglieren mit Tüchern, die dünnen Tücher fallen langsam herunter und können auch von kleinen Kindern relativ leicht wieder aufgefangen werden. Schon das Spiel mit nur einem Tuch erfordert die ganze Aufmerksamkeit: werfen, mit den Augen verfolgen, fangen. Wer das beherrscht, kann ein zweites Tuch dazunehmen.

Luftballons

Erlebnis

Luftballon sitzt im Gras
kommt die Maus
was ist das?
Was ist gar
so hübsch und nett,

kugelrund
dick und fett?
Schmeckt er süß,
der schöne Ball?
Mal dran knabbern!
Knall!!!
Fetzen fliegen!!!
Explosion!!
Was macht die Maus?
Sie rennt davon.
Rennt davon
wie vor dem Feuer.
Läuft nach Haus
und erzählt ihr Abenteuer.
Josef Guggenmos

Luftballon spielen

Zu den luftigen Spielen gehören natürlich alle Spiele mit Luftballons. Wir spielen selbst einen Riesenluftballon. Wir fassen uns im engen Kreis an den Händen, blasen in die Mitte und blasen damit den Luftballon immer größer auf, gehen immer weiter auseinander – so lange, bis er zerplatzt und wir alle durcheinander purzeln.
Wir blasen uns einzeln als Luftballons auf: Aus tiefer Hocke werden wir immer größer und dicker und fliegen durch den Raum. Plötzlich zerplatzt „der Luftballon“, wir sausen durch den Raum, uns immer drehend und zischend, bis wir wieder auf den Boden fallen.

Spiele mit dem Luftballon

Jetzt blasen wir einen richtigen Luftballon auf, und lassen auch ihn zischend durch den Raum sausen.
Wenn wir Nussschalen o.Ä. in den Luftballon füllen, ihn aufblasen und zubinden, hören wir verschiedene Geräusche, wenn er sich bewegt.
Wir werfen Luftballons hoch und fangen sie auf und balancieren sie auf einem Finger, klemmen sie zwischen die Knie und hüpfen.
Wir werfen den Ballon einem Partner zu und fangen ihn, oder gehen mit dem Ballon zischen den Köpfen, den Beinen, den Bäuchen rückwärts und vorwärts.

Wir prellen in der Gruppe alle Luftballons gleichzeitig hoch, und versuchen sie in der Luft zu halten. Alle Luftballons liegen am Boden, wir laufen drum herum ohne sie zu berühren.

Alle sitzen im Kreis und geben einen Luftballon mit den Füßen weiter.

Wir schicken im Kreis zwei Luftballons auf Reisen. Sie werden um die Wette im Kreis herumgereicht und ein Ballon versucht dabei, den anderen „einzuholen".

Wabbelbett

Wir blasen viele Luftballons auf und stecken sie in einen Bettüberzug. Schon das macht Spaß, weil sie immer wieder herausquellen. Wir knöpfen den Überzug zu und haben nun ein Riesen-Wabbel-Bett, das wir hin und her prellen und über den Köpfen weiterrei-

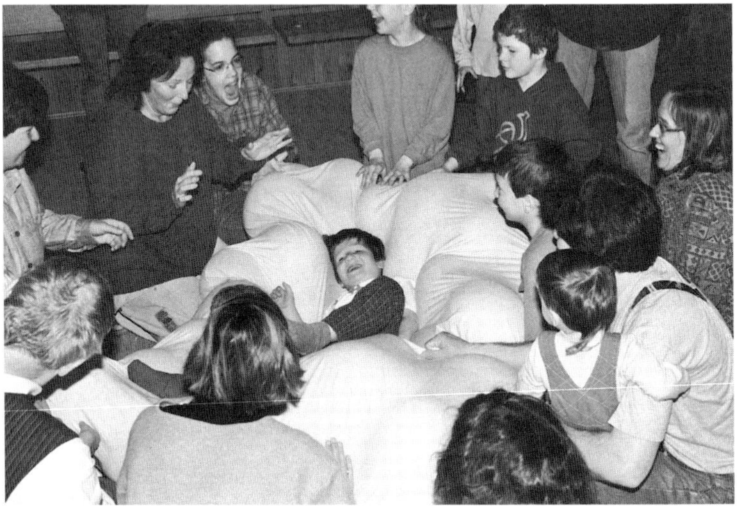

chen können. Wir betasten es mit Händen und Füßen, legen uns vorsichtig darauf, laufen darüber, oder rollen und kugeln über das Bett. Die Kinder genießen es sehr, auf dem Bett leicht hin und her geschaukelt zu werden. Die Mutigsten lassen sich im Liegen auf dem Wabbelbett hochwerfen.

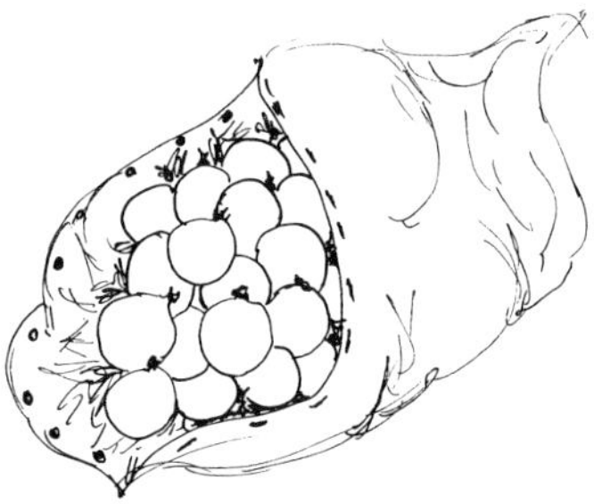

Spiele mit dem Schwungtuch

Großen Spaß machen alle Spiele mit dem Schwungtuch, sie sind zugleich eine richtige Gemeinschaftsarbeit, denn wir brauchen viele Hände um das Tuch zu halten. Wir spüren dabei ganz deutlich die Kräfte der Luft und der Erde.
Alle fassen das Tuch an und schwingen es auf und nieder. Einzelne Kinder können sich daruntersetzen oder legen, während die anderen es kräftig schwingen. Dazu können wir eine Geschichte von Wellen, Meer und Wind erzählen. Alle „Lustigen“, „Traurigen“, „Munteren“, usw. laufen durch und fassen an der anderen Seite wieder an. Wir prellen einen Ball mittels des Schwungtuches bis an die Decke oder lassen unsere Schmusetiere hochfliegen. Wenn wir das Tuch gemeinsam hochschwingen und loslassen, werden wir von dem Tuch zugedeckt, wir fühlen uns wie in einem Zelt.

Wesen der Lüfte

Auch die Tiere der Luft, die Vögel wollen wir hier nicht vergessen. Im Frühling ist die Luft voller Vogelgezwitscher, und wir begrüßen die ersten Heimkehrer aus Afrika.

Wir versuchen mit ausgebreiteten Armen vom Stuhl oder niedrigen Tisch herunter zu fliegen. Wir erzählen von den Vögeln im Wald, die wir kennen, z.B. vom Specht, der fest an die Bäume klopft, oder von der Amsel, die ihr Abendlied von der Spitze eines Baumes herab singt.

Vöglein-Fingerspiel

Zwei Vöglein schlafen im Nest, ganz fest.	mit beiden Händen ein kugeliges Nest bilden
Das erste erwacht, flattert und lacht, fliegt ein Stück und fliegt ins Nest zurück.	mit der rechten Hand „fliegen"
Das zweite erwacht, flattert und lacht, fliegt ein Stück und fliegt ins Nest zurück.	mit der linken Hand „fliegen"
Nun fliegen sie beide durch Wald und durch Heide. Sie lachen vor Glück und fliegen zurück.	im Kreis oder frei im Raum ein Stück laufen und an die gleiche Stelle „ins Nest" zurückkehren
Zwei Vöglein schlafen im Nest, ganz fest.	wieder das kugelige Nest bilden

Hedwig Diestel

Vöglein spielen

Wir spielen eine Vogelgeschichte, dazu markiert jede „Vogel"-Familie ihr Nest mit Kreide oder Sprungseil.
Die Gruppenleiterin erzählt eine kleine Geschichte, zu der die Vogelfamilien entsprechend spielen können. „Jetzt im Frühjahr bauen die Vögel überall auf den Bäumen ihre Nester. Die Vogelmütter und -väter brüten die Eier aus und beschützen ihre Kinder. In der Nacht kuscheln sich die Kinder fest unter die Flügel. Am Morgen fliegen die Eltern, um Futter zu holen und die Vogelkinder piepsen laut, weil sie Hunger haben …"
Diese Geschichte kann man so lang weitererzählen, bis die Vogelkinder groß sind und eines Tages von der Mutter aus dem Nest gestoßen werden, weil sie selbst fliegen können, … und dann können die Vogelkinder ihre Eltern füttern, die vor lauter Arbeit ganz dünn geworden sind.

In unserm Garten

Volkslied

2. Er singt vom Frühling, von bunten Blümelein
von grünen Bäumen, vom Sonnenschein:
Singt immer …

Zwei Täubchen

Ein alter Kinderreim macht Kindern besonders Spaß, denn sie müssen hinter den Trick kommen, den man zu dem Reim spielen kann.

Es saßen zwei Täubchen auf einem Dach;
das eine flog fort, das andre flog fort;
das eine kam wieder, das andre kam wieder.

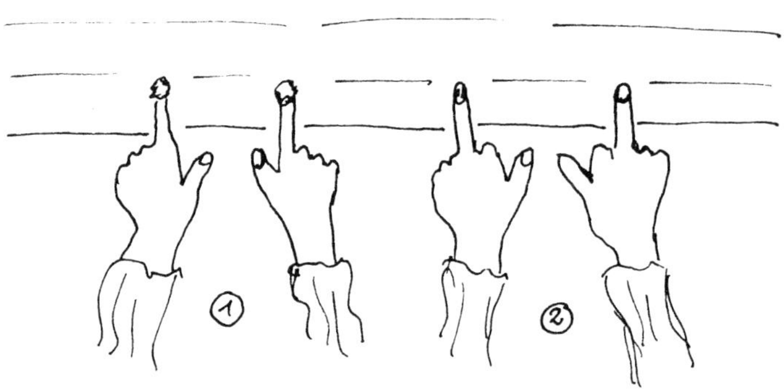

Die Gruppenleitern hat beide Zeigefinger mit einem Papierschnipsel als Täubchen beklebt, sie klopft rhythmisch auf den Tisch. Heißt es „das eine flog weg" wechselt sie „im Flug" den Zeigefinger gegen den Mittelfinger aus. Tatsächlich, das Täubchen ist verschwunden.

Alle Kinder dürfen das Spiel dann selber ausprobieren und schauen, ob sie den Trick können.

Nach wie vor spielen Kinder auch das altbekannte und bewährte „Alles was Flügel hat fliegt, alle Vögel fliegen hoch" gern, bei dem das Wort „Vögel" durch andere Begriffe ersetzt wird. Alle sitzen um den Tisch und trommeln mit den Zeigefingern thythmisch auf den Tisch. Bei Wörtern wie „Vögel" oder „Enten" reißen alle die Hände nach oben, bei Wörtern wie z. B. „Auto", „Tisch", „Stuhl" klopfen alle rhythmisch weiter.

Luftgeist-Marionette

Material: Stofftaschentuch oder dünner quadratischer Stoff, Faden, zwei Stück dünnes Rundholz, ein kurzes und eines in etwa so breit, wie der Stoff

Wir machen in drei Ecken unseres Stoffes einen Knoten. Der mittlere, er kann etwas dicker sein, dient als Kopf unseres Luftgeistes und wir binden ihn mit einem Faden an das kurze Holzstück. Der rechte und der linke Knoten stellen die Hände des Luftgeistes dar und wir binden beide rechts und links an das längere Holz, mit etwas längeren Fäden, als der, der am Kopf befestigt ist.

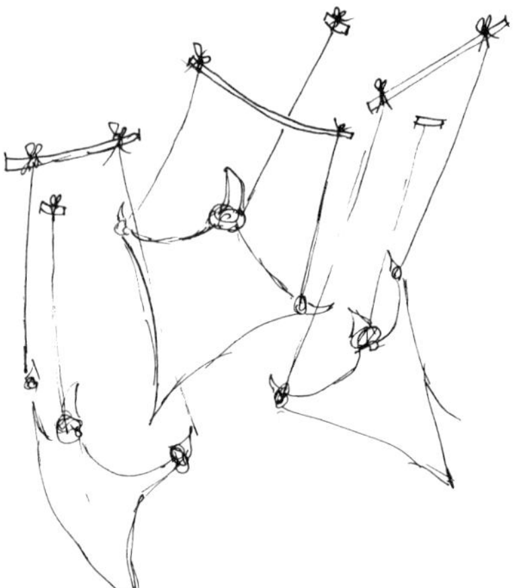

Jetzt kann der Luftgeist mit unserer Hilfe fliegen! Eine Hand führt die Arme, die andere den Kopf. Die Geister können ein richtiges Theater aufführen.

Elementarwesen der Luft

In leuchtendem Schleier
zur lieblichen Feier,
zum lustigen Reigen
in blühenden Zweigen!

Die Elementarwesen der Luft sind die Feen und Elfen. Man kann sich ihre Gestalten im flimmernden Sonnenlicht über einem See oder auf einer Waldlichtung vorstellen. Die Blumenelfen sitzen z.B. in den Blütenkelchen, unterstützen das strahlende Blühen und locken Insekten an. Sie sind luftig, leicht und quirlig wie unser Luftgeist, und wir können unsere Marionetten einen Elfenreigen tanzen lassen.

Feentanz

Ei, sieh aber, sieh doch!
Welch seltsam Geschichte!
Dort tanzen im Lichte
des Mondes die Feien
den festlichen Reihen
auf grünendem Plan.
Welch artiges Völkchen!

Die lieblichen Kinder!
Schon schweben sie näher
und näher heran.
Man muss sich verstecken,
sie nicht zu erschrecken.
Husch, husch,
hinter den Busch!
Eduard Mörike

FEUER

Feuer kann gefährlich sein,
drum lass ich mich mit ihm nicht ein.
Feuer, das ist: sanfte Glut,
doch auch Brand in heller Wut,
Kraft und Wärme, Segen, Fluch,
Kerzenlicht, Vulkanausbruch,
Streichholz, Blitz und Sonnenschein -
alles das kann Feuer sein.
Wolf Harranth

Das Feuer ist das flüchtigste der vier Elemente. Die Erde ist fest und greifbar, das Wasser ist flüssig und rinnt durch unsere Finger, die Luft hüllt uns unsichtbar ein und das Feuer können wir durch seine aufsteigende, flüchtige Wärme spüren.
In welchen Erscheinungsformen begegnet uns Feuer? Im Gespräch hören wir, was die Kinder über das Feuer wissen und in welcher Form sie es kennen.
Wir singen wieder das Lied „Guten Morgen …" (→ Seite 19) und versuchen passende Tätigkeiten für das Feuer zu finden z.B. brennen, blitzen, zündeln, wärmen und leuchten.

Auch kleine Kinder sollten schon etwas über den Umgang mit Feuer lernen und sich seiner Gefahren bewusst sein. Die Kinder wissen meist selbst, wann sie sich das Anzünden einer Kerze oder eines Sterichholzes zutrauen können. Vorher schauen sie zu.
Wie zündet man ein Streichholz an? Vom Körper weg streichen, dann schräg nach oben halten und vor allem immer anschauen und rechtzeitig ausblasen.
Feuer darf man nie ohne Erwachsene anzünden, denn: Feuer kann gefährlich sein!

Selbstverständlich dürfen nirgendwo Streichhölzer und Feuerzeuge unbeaufsichtigt herumliegen, solange Kinder die Gefahren des Feuers noch nicht einschätzen können.
Die Gruppenleiterin kann den Kindern zeigen, was leicht zu brennen beginnt, z.B. Papier, Haare oder Kunststoff und was schlecht oder gar nicht Feuer fängt, wie z.B. Korken. Dabei muss immer ein Eimer mit Wasser zum Löschen bereit stehen.

Feurige Spiele ohne Feuer

Heiß – kalt

Um alle an das Thema heranzuführen, verstecken wir für jedes Kind einen Gegenstand im Raum. Die Kinder suchen und die Gruppenleiterin hilft mit Hinweisen wie kalt - wärmer - heiß. Dieses Spiel macht immer viel Spaß und wir versuchen es gleich noch einmal.

Feuerbälle

Material: Zeitungspapier, Krepppapierstreifen in Feuerfarben, Schnur, Stoffreste

Aus dem Zeitungspapier machen wir eine feste Kugel, die die Kinder gut halten können, und überziehen sie mit einem Stoffrest oder Krepppapier.
Wir legen 3 - 4 Krepppapierstreifen über den Ball, so dass die Streifenenden nach unten hängen. Direkt unter dem Ball binden wir die Streifen mit einer ca. 50 cm langen Schnur fest zusammen. Am anderen Ende der Schnur machen wir eine Schlaufe, an der wir unseren Feuervogel mit rauschendem Schwanz durch die Luft schleudern können. Wenn wir die Schnur loslassen, fliegt er auf und davon!

Feuerschlucker

Material: große Pappe, Schere, Wollreste

Für unsere Feuerbälle bauen wir uns einen Feuerschlucker. Wir klappen eine große Pappe einmal quer zusammen, so dass sie wie ein Dach stehen kann. Auf eine Seite der Pappe malen wir ein Gesicht und schneiden einen großen Mund heraus, wir kleben Ohren und Haare dran – fertig ist der Feuer(ball)schlucker. Jetzt müssen wir nur noch in seinen Mund hinein treffen!
Macht auch auf Kindergeburtstagen oder Sommerfesten viel Spaß!

Feuerfunkenflug

Material: Holzperlen mit Loch, dünne bunte Geschenkbänder

Wir ziehen mehrere bunte Bänder durch das Loch in der Holzperle und verknoten sie rechts und links von der Perle. Auf die gleiche Weise stellen wir mehrere „Funken" her. Dann werfen wir sie in die Luft und freuen uns am Funkenflug.

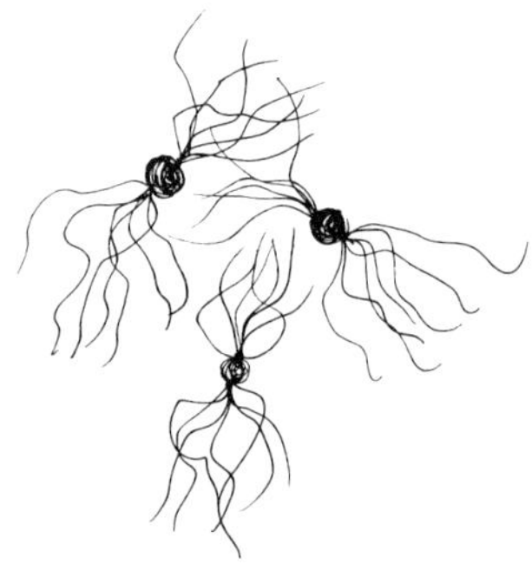

Das Lagerfeuer

Früher haben alle Menschen, die unterwegs waren und im Freien übernachten mussten, am Abend ein Feuer angezündet, um sich daran zu wärmen und um ihr Essen dort zuzubereiten.
Auch heute sollten alle, die mit Kindern leben und lernen, die Gelegenheit nutzen, gemeinsam mit den Kindern ein richtiges Lagerfeuer zu entzünden. Kinder sind davon begeistert und fasziniert und werden besser mit dem Element vertraut.
Wichtig ist dabei, dass wir ein kindgerechtes kleines Feuer machen, damit die Kinder lernen, wie man einen Platz für die Feuerstelle aussucht und herrichtet, wie man ein Feuer aufbaut und anzündet, und welche Gefahren im Umgang mit Feuer lauern können.

Das Feuer fängt mit Funken an,
von Funken brennt ein Haus,
drum, wo ein Funke schaden kann,
löscht ihn beizeiten aus.
Volksgut

Die Feuerstelle

Wir suchen uns einen Platz, der steinig oder erdig ist, nicht unter Bäumen liegt und der zum Sitzen und Tanzen um die Feuerstelle genügend Platz bietet. Wir achten auch auf die Windverhältnisse! Bei starkem Wind können wir kein Feuer machen.

Möchten wir die Feuerstelle auf einer Wiese errichten, stechen wir das Gras an dieser Stelle mit ca. 50 cm Durchmesser aus. (Die Grasnarbe legen wir auf die Seite und setzen sie nach dem Feuer wieder in das Loch. Sie wächst wieder gut an, wenn wir sie gießen.) Wir sammeln trockene Äste und Laub etc. im Umkreis der Feuerstelle auf, damit sich bei Funkenflug nichts entzünden kann. Wir legen einen Kreis aus Steinen um unsere Feuerstelle, um sie zu begrenzen und vor dem Wind zu schützen. Auf steinigem oder erdigem Boden können wir die Feuerstelle ohne Vorbereitung aufbauen.

Jetzt brauchen wir Holz! Die Kinder machen sich gemeinsam auf die Suche nach Feuerholz. Dabei gibt es einige Regeln zu beachten: Es darf nur totes, möglichst trockenes Holz gesammelt werden. Grünes, noch wachsendes Holz soll weiterwachsen! Es ist erstaunlich, wie stolz die Kinder darauf sind, das Holz für ihr Feuer selber zu sammeln.

Beim Holzholen motivieren und stärken folgende Verse das Zupacken bei der Arbeit:

Knick und Knack
Holz zerhack.
Knick und Knack
in den Sack!

Die Axt gepackt,
das Holz zerhackt,
zerknickt, zerknackt,
zerklopft im Takt.

Beim Aufschichten des Holzes fangen wir mit drei dünnen Hölzern an, die wir in der Mitte der Feuerstelle zu einer Pyramide aufstellen. Unter die Hölzer legen wir eine zusammengeknüllte Zeitung. Jetzt schichten wir die anderen Hölzer locker außen herum. Wichtig: Es muss viel Luft dazwischen sein. Die äußeren Hölzer können länger und dicker sein und wir dürfen nicht vergessen, einen Zugang zu unserem Zeitungspapier offenzulassen.
Bevor wir das Feuer anzünden, stellen wir noch einen Eimer Wasser, Sand oder Erde bereit, um schnell löschen zu können, und erinnern uns gegenseitig daran, sehr umsichtig zu sein, indem wir laut sagen: *„Feuer kann gefährlich sein!"*

Feuer entzünden

Für Kinder gibt es bessere und interessantere Möglichkeiten ein Feuer zu entfachen, als es mit einem Streichholz zu entzünden. Für die Kinder ist es einfacher, zuerst ein Papier zusammenzurollen, es anzuzünden und damit das Lagerfeuer zu entfachen. Dieses verlängerte Streichholz kann im Feuer liegen bleiben.
Früher gab es kein Feuerzeug und keine Streichhölzer und die ersten Menschen haben ihr Feuer auch nicht selbst angezündet, sondern von brennenden Bäumen geholt, in die der Blitz eingeschlagen hatte. Sie mussten es dann gut hüten, es durfte nie ausgehen, da sie selbst noch kein Feuer anzünden konnten.

Später entdeckten sie die Möglichkeit Feuer zu schlagen. Wir können das auch probieren. Dazu brauchen wir Feuersteine und sehr leicht brennbares Material, z.B. Zunder. Zunder ist ein in trockenem Zustand sehr leicht brennender Buchenschwamm (Es brennt wie Zunder!). Wir schlagen die Steine aneinander, es entstehen Funken und wir versuchen mit diesen Funken den Zunder zu entfachen. Es müssen natürlich geeignete Späne bereitliegen, um das Feuer zu schüren. Um dem Feuer noch richtig einzuheizen sprechen wir:

Fliege, Funke, flink vom Stein,
fliege flugs ins Holz hinein.
Fang den Funken, dürrer Span,
fach das Feuer flackernd an.
Fliege, Funke, flink vom Stein,
fliege flugs ins Holz hinein.
Ernst Bühler

Eine andere Möglichkeit ist, durch schnelles Drehen (Quirlen) mit einem Stöckchen in einer Steinkuhle eine so hohe Reibungshitze zu erreichen, dass sich Zunder oder Stroh daran entzünden können.
Versuchen sollten wir diese Methoden auf alle Fälle einmal, auch wenn es vielleicht nicht klappt! Eine Methode, die leichter funktioniert ist die Brennglastechnik. Wir nehmen eine Lupe oder Glasscherbe und versuchen damit das Sonnenlicht auf einen Punkt zu bündeln. Wenn wir den Strahl auf brennbares Material richten, werden bald die Flammen aufsteigen!
Mit diesem Experiment kann man auch deutlich machen, wie gefährlich es ist, Glas achtlos wegzuwerfen! In Trockenzeiten kann es dadurch leicht zu übergreifenden Bränden kommen.

Das Anzünden eines Streichholzes sollten wir mit den Kindern gut üben (→ siehe Seite 94), um zu verhindern, dass aus Unwissenheit und Erschrecken ein Brand entsteht. Auf keinen Fall sollte man beim Anzünden des Feuers Spiritus oder Benzin zur Hilfe nehmen! Das ist auch gar nicht nötig, wenn wir für gut geschichtetes, trockenes Holz sorgen.

Nach langer Vorarbeit können wir es uns endlich am Feuer gemütlich machen. Ein paar Kinder sind für das Nachlegen zuständig – und die Gruppenleiterin braucht nur dafür zu sorgen, dass das Feuer nicht zu hoch wird. Es sollte immer eine für die Kinder überschaubare Größe haben. Am Feuer können wir lauschen und schauen, wir können es riechen und die Wärme fühlen, wir erzählen uns Geschichten, und singen Lieder – Kinderlieder, Hexenlieder, Indianerlieder oder, wenn die Eltern dabei sind, Lieder aus ihrer Jugendzeit, vielleicht sogar Lagerfeuerzeit, und wir genießen einfach die besondere Stimmung.
Beim Feuergedicht von James Krüss machen wir uns das, was wir hören, sehen, riechen und fühlen ganz bewusst. Wir hören viele neue Feuerwörter! Wichtig ist es, allen viel Zeit zu lassen, Zeit um sich auf das Element Feuer einzulassen, Zeit, um die Gedanken wandern zu lassen und Fragen zu stellen.

Das Feuer

Hörst du, wie die Flammen flüstern,
knicken, knacken, krachen, knistern
wie das Feuer rauscht und saust,
brodelt, brutzelt, brennt und braust?

Riechst du, wie die Flammen rauchen,
brenzlig, brutzlig, brandig schmauchen
wie das Feuer, rot und schwarz,
duftet, schmeckt nach Pech und Harz?

Fühlst du, wie die Flammen schwärmen,
Glut aushauchen, wohlig wärmen,
wie das Feuer, flackrig – wild,
dich in warme Wellen hüllt?

Siehst du, wie die Flammen lecken?
züngeln und die Zunge blecken,
wie das Feuer tanzt und zuckt,
trockne Hölzer schlingt und schluckt?

Hörst du, wie es leise knackt?
Siehst du, wie es matter flackt?
Riechst du, wie der Rauch verzieht?
Fühlst du, wie die Wärme flieht?

Kleiner wird des Feuers Braus
Ein letztes Knistern
ein feines Flüstern,
ein schwaches Züngeln. - Aus.
James Krüss

Feuer löschen

Wichtig ist auch das Löschen des Feuers! Wenn wir es nicht mehr hüten wollen, müssen wir es löschen. Dazu eignet sich Wasser, Erde oder Sand. Mit Erde oder Sand können wir die Glut auch abdecken, wenn wir später am Tag noch einmal ein Feuer brauchen.

Kochen und Backen am Feuer

Eine wichtige Funktion hat das Feuer von Beginn der Menschheit an, bei der Zubereitung von Speisen.
Je öfter wir am Feuer kochen, desto mehr wird uns dazu einfallen, und wir werden feststellen, dass das Kochen meist schneller geht, als an jedem Herd.
Am Feuer zu kochen eignet sich auch an Aktionstagen zum Thema: „Leben wie im Mittelalter“ oder „Indianerleben“. Unter den Indianerstämmen gab es Sammler, aber auch Jäger. Sie haben, wie die Steinzeitmenschen, das Fleisch der erlegten Tiere über dem Feuer gegrillt.

Fladenbrot

In der Zeit der Jäger und Sammler wurden Ähren gesammelt, ausgedroschen, zwischen Steinen zu Mehl gemahlen und mit Wasser vermischt zu einem Teig verarbeitet. Dieser Teig wurde zu Fladen geformt und auf heißen Steinen zum ersten Brot gebacken.
Auch wir können es ausprobieren. Die Steine hierfür sollten möglichst trocken sein, und mindestens eine halbe Stunde im Feuer oder in der Glut liegen sonst springen sie. Jeder kann den Teig mit Salz oder Kräutern würzen und sein eigenes Fladenbrot auf einem

gut erhitzten Stein backen. Zum Backen darf nur noch Glut in der Feuerstelle sein.

Stockbrot

Zutaten: 2 kg feingemahlener Weizen, 1/2 l Wasser, 2 Würfel Hefe oder Trockenhefe, Salz. Wer will kann den Teig mit Butter, Eiern, Gewürzen oder sogar Honig verfeinern.

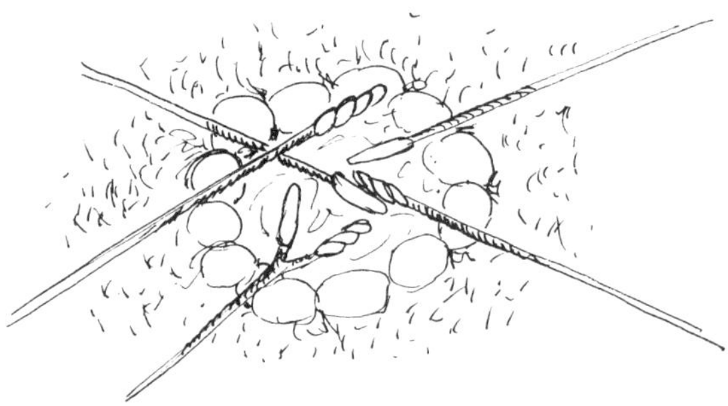

Viel Spaß macht auch das Backen von Stockbrot. Wir stellen einen festen Hefeteig her und jeder schnitzt für sich einen langen Haselstock (mindestens 1,50 m lang) zurecht. Der Hefeteig wird aufgeteilt, jeder knetet ihn noch mal kräftig durch, wirft ihn hoch und schlägt ihn auf den Tisch bis er glatt und glänzend ist.

Beim Kneten und Backen vetreiben wir uns die Zeit mit Versen. Die Verse können wir auch als Handklatschspiel spielen!

Wer nicht tüchtig kneten kann,
ist kein rechter Bäckersmann.
Packe zu, spar keine Kraft,
durch und durch den Teig geschafft!
Hand und Arm und Finger drückt,
jeder Klumpen wird zerstückt.
Jedes Teil das andre fand,
mächtig fühlt das Mehl die Hand.
Greife fest und schaff und schweig:
Gottes Segen wirk im Teig.
Elisabeth Klein

Backe, backe Kuchen, der Bäcker hat gerufen,
wer will guten Kuchen backen, der muss haben sieben Sachen.
Eier und Salz, Butter und Schmalz,
Milch und Mehl, Safran macht den Kuchen gel'!
Schieb, schieb in den Ofen rein, der Kuchen wird bald fertig sein.

Bäcker backe braunes Brot,
braunes, braunes Knusperbrot,
braunes, braunes Knusperbrot
macht der Kinder Wangen rot.

Meine Mu, meine Mu, meine Mutter schickt mich her,
ob der Ku, ob der Ku, ob der Kuchen fertig wär,
wenn er no, wenn er no, wenn er noch nicht fertig wär,
komm ich mo, komm ich mo, komm ich morgen wieder her.

Ist der Teig gut durchgeknetet, formen wir aus dem Teig eine lange Wurst und wickeln oder flechten diese um die Spitze des Stockes und drücken sie gut fest. Jetzt setzen wir uns um die Feuerstelle, in der nur noch die heiße Glut sein darf, halten unsere Stöcke nicht zu tief darüber, und drehen sie immer wieder, damit das Brot nicht verbrennt. Für ein gutes Stockbrot brauchen wir viel Geduld und Aufmerksamkeit! Wenn die Gruppenleiterin dabei eine Geschichte erzählt, können wir das Warten richtig genießen. Nach ca. 15 Minuten ist das Brot rundum goldbraun und kann sofort verzehrt werden.

Kräutersuppe

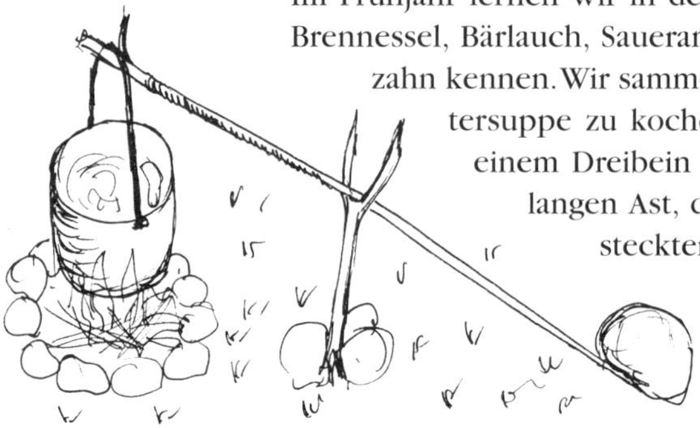

Im Frühjahr lernen wir in der Gruppe viele essbare Kräuter wie Brennessel, Bärlauch, Sauerampfer, Giersch, Kerbel oder Löwenzahn kennen. Wir sammeln sie, um daraus eine leckere Kräutersuppe zu kochen. Den Suppentopf hängen wir an einem Dreibein über das Feuer oder auch an einen langen Ast, den wir auf einer in den Boden gesteckten Astgabel auflegen und am Ende mit einem Stein beschweren. Die Kräuter schneiden wir ganz fein und kochen sie dann in einer Gemüsebrühe. Guten Appetit!

Kartoffeln

Im Herbst machen wir ein Kartoffelfeuer und legen die selbst gesammelten Kartoffeln direkt in die Glut. Wenn sie gar sind, holen wir sie heraus, lassen sie abkühlen und löffeln das Innere direkt aus der Schale. Mit Butter und Salz schmeckt's noch besser.

Bratäpfel
Wir können auch Äpfel auf Stöcke spießen und über der Glut drehen, bis sie zu brutzeln anfangen und wie Bratäpfel schmecken.

Punsch
Auch im Winter ist ein Feuer sehr interessant – die Eskimos machen sogar in ihrem Iglu ein Feuer! In der frischen Winterkälte schmeckt ein Punsch besonders gut. Dazu kochen wir Apfelsaft und Wasser mit Zimt und Nelken, oder wir bereiten einen Kinderpunsch aus Früchtetee und Orangensaft mit Orangenscheiben und Gewürzen zu. Bei den Vorbereitungen können die Kinder natürlich mithelfen!

Indianerfeuer

Beschäftigen wir uns eingehender mit einem Indianerfeuer, so fällt uns als erstes auf, dass diese Feuer meist klein gehalten wurden, damit man sie nicht schon von weitem sehen konnte. Auch für uns ist es wichtig kleine Feuer zu machen, die für die Kinder nicht gefährlich sind. Das Indianerfeuer diente manchmal auch zur Verständigung durch Rauchzeichen. Dazu legten die Indianer stark rauchendes feuchtes Material auf ihr Feuer und gaben einer weiter entfernt liegenden Gruppe durch Auf- und Abdecken des Feuers Rauchsignale. Bei eigenen Versuchen können wir feststellen, dass das sehr schwierig ist.

Es ist für Kleine und Große immer wieder ein tolles Erlebnis, bei einem gemütlich knisternden Feuer in einem Indianertipi zu sitzen, und das auch bei Regen. Wenn sich so eine Gelegenheit für Ihre Gruppe bietet, ergreifen Sie sie! Vielleicht gibt es ja in der Nähe eine Kindertageseinrichtung, die ein solches Indianertipi besitzt und gerne bereit wäre, es auch anderen Gruppen zur Verfügung zu stellen.

Der Ofen – ein Haus für das Feuer

Baut man selbst einen Ofen, wird deutlich, wie die Kräfte aller vier Elemente zusammenwirken und sich gegenseitig unterstützen müssen:
Man braucht Erde in Form von Lehm,
gibt Wasser dazu, um diesen formen zu können,
die Luft trocknet den Lehm, aus dem wir den Ofen gebaut haben,
das Feuer brennt ihn, und mit seiner Hitze können wir backen.

Lehmofen bauen

Material für Lehmöfen: Lehm (evtl. selbstgestochen), Strohhäksel, Wasser, biegsame Weiden oder Haselruten und schönes Wetter! An einem Gruppenwochenende können wir uns gemeinsam an dieses Experiment wagen. Wir fangen mit einfachen Lehmöfen an. Es macht viel Spaß, ein Haus für das Feuer zu bauen.

Jede Kleingruppe oder Familie kann ihren eigenen Ofen bauen, es entstehen viele lustige Formen und auf dem Gelände eine richtige Ofenlandschaft, oder wir bauen einen gemeinsamen Ofen.
Zuerst heben wir die Grasnarbe ab und stecken aus den Ruten ein Grundgerüst in den Boden. Der Ofen kann rund, eckig, oval … werden. Wir können die Ruten rund zu einem Dach biegen oder einfach oben zusammenbinden. Wenn das geschafft ist, geht es ans Matschen und Formen! Das Stroh muss mit dem Lehm vermischt werden. Größere Mengen stampfen wir mit Gummistiefeln in einer Wanne, kleinere Mengen können wir mit den Händen verkneten.

Dabei dichten wir ein paar neue Strophen zu dem Lied „Wer will fleißige Handwerker sehn“.
Nach der Stampfaktion machen wir uns aus der Masse Lehmfla-

den, mit denen wir unser Gerüst innen und außen von unten nach oben verkleiden. Die Wandstärke sollte ca. 10 cm dick sein, nach unten hin sollte sie etwas dicker werden.
Bald stellt sich heraus, welches Gerüst hält und wer genug Ausdauer hat, um die Wände stabil und gleichmäßig aufzubauen! Achtung: Unten muss ein Loch zum Anzünden und Feuerschüren eingearbeitet werden und oben ein kleiner Kamin!
Wenn der Ofen fertig ist, machen wir gleich ein kleines Feuerchen darin, um ihn vorsichtig „trocken zu heizen". Wenn dabei Risse entstehen, schmieren wir sie mit Lehm wieder zu. Außen bringen wir auch noch Verzierungen z.B. die Handabdrücke der Arbeiter an. Beim ersten Feuerchen merken wir gleich, ob der Ofen dicht ist, ob der Kamin funktioniert und der Rauch abzieht …

Wir können immer noch nachbessern. In diesen kleinen Öfen können auch kleinere Kinder nach Anleitung selbständig Feuer machen. Sie erleben, wie der Lehm langsam warm wird und dadurch immer mehr trocknet und sie spüren wie die heiße Luft nach oben steigt und der Rauch zum Kamin austritt.
Achtung: heiß!

Es gibt ein paar Sprüche und Lieder, die wir zur Feier unseres Ofens umdichten können. Gemeinsam können wir neue Strophen zur Melodie von „Hänsel und Gretel" dichten und singen. Wir stellen uns alle um den Ofen, in dem das Holz aufgeschichtet ist und sprechen:

Finkel, fankel, funkel,
im Ofen ist es dunkel.
Wir zünden unser Feuer an,
da wird es drinnen hell und warm.

Holzkohlemalerei

Nach einem Lagerfeuer können wir die Reste gut in einer Malaktion verwerten. Wir holen abgekühlte Holzkohle aus der Feuerstelle und malen damit schwungvoll auf großes Papier. Wir können auch die Asche und zerstampfte oder auf einem Reibeisen zerriebene Kohle vom Lagerfeuer mit wenig Kleister anrühren und damit malen.
Wer es perfekt machen will, stellt eigene Birkenkohle her. Dazu wickelt man Birkenzweige unterschiedlicher Stärke in Alufolie,

sticht zwei Löcher hinein und legt sie ins Feuer. Wenn die Glut erkaltet ist, kann man die Zeichenkohle herausholen, auspacken und los geht's.

Die Elementarwesen

Ragende Riesen rollen im Spiele
bergige Blöcke wie Bälle ins Tal.
Zierliche Zwerge mit Zangen und Hämmern
graben das Gold aus dem Grunde hervor.
Neckische Nixen in Nebelgewändern
wandeln und wallen mit Wellen vorbei.
Sylphen im Säuseln und Summen der Lüfte
fliegen und flattern im Fluge dahin.
Hedwig Diestel

Der Frühsommer ist eine Zeit in der wir gemeinsam mit den Kindern das Wirken der lebendigen Kräfte in den Elementen Erde, Wasser, Luft und Feuer besonders intensiv erleben können. Bei einem Sommerspaziergang können wir das Flattern der Schmetterlinge, das Summen der Bienen, das Plätschern des Baches und die blühenden Blumen beobachten und auf uns wirken lassen. Wir schauen, hören, riechen, fühlen und entdecken in einem Felsen oder in einem knorrigen Baum ein Gesicht, oder im Flimmern über dem See tanzende Figuren oder sich wie im Spiel jagende schillernde Wellen, oder wir haben plötzlich das Gefühl, dass ein Bienenschwarm von einer unsichtbaren Kraft geführt wird. Wir bekommen dabei eine Ahnung von den elementaren Naturkräften, die überall im Verborgenen wirken. Früher hatten alle Menschen die Fähigkeit, sie besser wahrzunehmen. Heute wird dieses Naturbewusstsein nur noch in wenigen Kulturen z.B. bei den Indianern oder Aboriginies gepflegt. Uns ist es nur noch in seltenen Augenblicken möglich, einen Schimmer von dem alten Wissen zu erhaschen, aber viele Kinder haben noch eine feine Antenne dafür. Die Kinder können auf Naturstreifzügen Plätze entdecken, die sie als Verstecke der Elementarwesen bezeichnen und Achtung und Respekt vor den Wundern der Natur gewinnen. Wer hat als Kind nicht mit einem Zwerg gesprochen?

Schwalbe liebt gar sehr die Sylphe,
die sie durch die Lüfte leitet.
Schätzt die Nixe in dem Schilfe,
die sie auf dem Fluss begleitet.
Mag so gerne zwischen Blitzen
mit dem Salamander flitzen.
Gnome wartet, als getreuer
Wärter bei dem Nestgemäuer.
Albert Steffen

Zu jedem Element gehört eine Gruppe von Elementarwesen. Zum Element Erde gehören die Gnome, die uns im Märchen als Zwerge oder Kobolde erscheinen. Sie wirken in der Erde und führen den Pflanzen Kräfte zu. Das Wasser ist das Element der Undinen; wir kennen sie als Nixen. Sie wirken überall, wo sich Wasser bewegt – im Meer oder Bach, aber auch in den aufsteigenden Pflanzensäften. Die Sylphen leben im Luftelement, sie schweben mit den Vögeln durch die Lüfte und bringen den Pflanzen das Licht. Wir kennen sie als Elfen oder Feen. Die Feuergeister, sie werden auch Salamander genannt, bringen den Pflanzen die nötige Wärme, sie schweben mit den Insekten von Blüte zu Blüte und sorgen für die Bestäubung.

Kerzen

Die Kerze begleitet uns in vielen Variationen durch das Jahr, deshalb wollen wir uns eingehend mit ihr beschäftigen, sie herstellen, sie bestaunen, anbrennen, beobachten und mit ihr meditieren.

Die Kerze besteht aus Docht und Wachs. Der Docht sieht aus wie eine geflochtene Schnur, er saugt sich mit Wachs voll und kann dadurch brennen. Zündet man einen Kerzendocht ohne Kerze an, brennt er nur ganz kurz, er braucht also das Wachs zum Verbrennen.
Es gibt verschiedene Wachsarten, eines davon ist z.B. das natürliche Bienenwachs. Die Bienen produzieren das Wachs und bauen daraus

die Waben, in denen sie den Honig sammeln und ihren Nachwuchs aufziehen. Der Imker schleudert den Honig heraus und kann dann durch Schmelzen der Waben das reine Bienenwachs gewinnen. Die Kerzen, die daraus hergestellt werden, sind wertvoll und duften besonders gut. Die meisten Kerzen werden heute aus künstlich hergestelltem Stearin oder Paraffin geformt.
Wir nehmen für unsere selbstgestalteten Kerzen Bienenwachs[6] oder Kerzenreste, die wir über das ganze Jahr sammeln.
Wachs schmilzt beim Erwärmen. Achtung: Man darf es nur in einem Topf im Wasserbad zum Schmelzen bringen, nie auf der Herdplatte, denn zu heißes Wachs entzündet sich von selbst!
Die Kerze braucht außer Wachs und einem Docht noch Sauerstoff (Luft) zum Brennen. Das können wir sehen, wenn wir unterschiedlich große Gläser über eine Kerze stülpen. Wenn der Sauerstoff verbraucht ist, geht die Flamme aus. Wir können sie „retten" indem wir das Glas kurz hochheben und so wieder Luft zur Kerze lassen.
Vor allem in der Adventszeit beschäftigen wir uns besonders intensiv mit der Kerze.

Kerzen rollen

Wir legen einen Docht in eine Bienenwachswabe und rollen sie eng zusammen. Die Waben duften stark. Wir können die Waben auch dreieckig zuschneiden und bekommen so eine kegelförmige Kerze.

Kerzen tauchen

Material: Haushaltskerzen, verschiedenfarbige Wachsreste

Wir tauchen einfache Haushaltskerzen in Töpfe mit verschiedenfarbigem flüssigem Wachs, das wir im Wasserbad erwärmt haben. Zuerst tauchen wir die Kerze in eine helle Farbe. Wir lassen das Wachs kurz antrocknen, tauchen dann die Kerze nicht ganz so tief in die nächste Farbe. Diese wunderschön getönten Kerzen können auch ganz kleine Kinder schon selbst herstellen.
Tipp: Färben die Wachsreste nicht ausreichend, können wir im Wachs Wachsmalkreiden schmelzen, die die Farbe verstärken.

---

[6] Bienenwachsplatten kann man im Bastelbedarf oder im Imkereihandel erwerben.

Kerzen gießen

Wir gießen flüssiges Wachs langsam in geölte Papprollen, die wir auf einen Pappkarton aufgeklebt haben (evtl. von außen mit Kleber abdichten). Kurz vor dem Erstarren des Wachses bohren wir mit Schaschlikstäbchen ein Loch in die Mitte und stecken den Docht hinein. Wir können auch verschiedenfarbige Schichten einfüllen, dazu muss die untere jeweils gut angetrocknet sein, damit sich die Farben nicht mischen. Nach dem Abkühlen lösen wir die Kerzen aus der Form.

Tipp: Man kann das Wachs auch in leere Orangenschalenhälften oder in halbe Eierschalen gießen.

Kerzen ziehen

Material: Kerzenreste oder Bienenwachs, Docht

Wir tauchen einen langen Docht kurz in flüssiges Wachs, ziehen ihn wieder heraus und warten, bis das Wachs fest ist. Diesen Vorgang wiederholen wir so oft, bis die Kerze die gewünschte Stärke hat. Wir brauchen dazu viel Geduld und wenn wir dabei singen oder Geschichten erzählen, kann eine schöne meditative Stimmung entstehen.

Eine Überraschungskerze

Eine Überraschungskerze entsteht, wenn wir ganz einfache weiße Haushaltskerzen mit buntem Wachs von Kerzenresten betropfen. Da sind auch die Kleinsten mit Begeisterung dabei.

Kerzenständer

Kerzenständer werden am schönsten aus Naturmaterial: ein Stück Rinde mit Tannenzapfen, Moos, Nussschalen oder getrockneten Blättern verzieren.

Eislampen

Bei einer Temperatur von mindestens -6 °C stellen wir einen Eimer mit Wasser 1 - 2 Nächte ins Freie. Wenn das Wasser gefroren ist, drehen wir den Eimer um, gießen kaltes Wasser darüber bis das Eis aus der Form fällt. Wir klopfen das Eis oben vorsichtig auf und schütten das restliche Wasser heraus. In die Öffnung stellen wir eine brennende Kerze.

In der Gruppe entsteht eine feierliche Stimmung, wenn wir eine Eislampe aufstellen und singen. Dann muss das Eis aber wieder in den Garten, sonst schmilzt es schnell weg.

Wir können damit auch wunderbar unseren Hauseingang beleuchten.

Schneekerzen

Wir drücken mit den Händen etwa faustgroße Formen in den Schnee, streichen sie glatt und gießen Wachs hinein, das wir im Wasserbad erwärmt haben. In das fast erstarrte Wachs stecken wir einen Docht. Später lösen wir die Kerze vorsichtig aus dem Schnee.

In der warmen Stube zünden wir sie an und erwärmen uns beim Singen von vielen Schneeliedern.

Sandkerzen

In Sand gegossene Kerzen sind etwas ganz besonderes. Die Kinder drücken mit den Händen eine etwa faustgroße Form in den feuchten Sand, anschließend muss die Form gut geglättet werden.

Die Stärke der Sandschicht, die an dem Kerzenwachs haften bleibt, wird bestimmt durch die Feuchtigkeit des Sandes und die Temperatur des Wachses. Das Wachs muss heißer sein als wir es im Wasserbad erhitzen können. Bei niedriger Temperatur bleibt zu wenig Sand haften.

Wir erhitzen das Wachs vorsichtig in einem Topf auf der Herdplatte (es darf nicht rauchen) und beobachten es dabei ständig. Sollte es sich entzünden, niemals mit Wasser löschen, sondern zudecken und vorm Herd nehmen.
Das erhitzte Wachs gießt die Gruppenleiterin nun in die Sandformen. Man braucht viel Wachs, da eine erstaunliche Menge vom Sand aufgesogen wird. Wenn die Oberfläche des Wachses fest erscheint, bohrt man mit Hilfe eines Stöckchens ein Loch in die Mitte der Kerze und steckt einen Docht hinein. Während die Kerze abkühlt, zieht sich das Wachs zusammen. Das entstandene Loch kann man wieder mit Wachs auffüllen. Kalt geworden, gräbt man die Kerze aus und bürstet den nicht festsitzenden Sand ab.

Kerzenschiffchen

Material: Walnussschalen, Kerzen, Docht

Wir tropfen mit einer Kerze Wachs in eine halbe Walnussschale und stecken ein kleines Stück Docht hinein, solange das Wachs noch nicht hart ist. Am Abend zünden wir die Kerzenschiffchen an und lassen sie in einer Schüssel schwimmen. Noch schöner wirken die Schiffchen auf einem Teich oder im ruhig fließenden Bach.

Verzierte Kerzen

In unseren Gruppen ist es Brauch geworden, für die neugeborenen Geschwisterkinder eine Kerze zu gestalten. Wer diesen liebevollen Brauch aufnehmen möchte, braucht für jeden, der mitmacht, eine große einfarbige Kerze und Zierwachs in vielen Farben.
Wir schneiden oder stechen aus dem Zierwachs verschiedene Formen, Muster und den Namen des Kindes aus und drücken alles auf der hellen Kerze fest. Eine zweite Möglichkeit ist es, das Zierwachs in der Hand zu erwärmen und auf der Kerze zu verstreichen. Wir können damit wunderschöne Farbübergänge und Stimmungen schaffen.

Laternen

Im November freuen sich viele Kinder auf das Laternenbasteln, da der Martinstag mit einem Umzug gefeiert werden soll. Wir machen ganz einfache Laternen, die von den Kindern selbst kreativ gestaltet werden können, nur das Fertigstellen übernehmen die Erwachsenen.

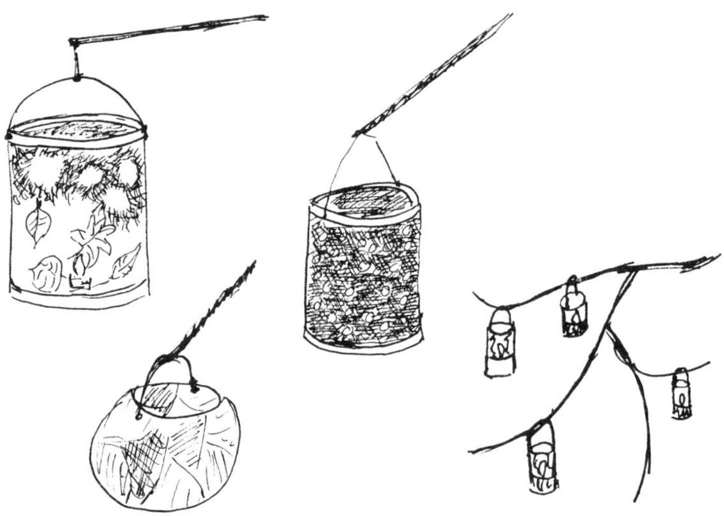

Verschiedene Pflanzenlaternen

Wir bekleben Zeichentransparentpapier mit gepressten Blättern. Wir können die Struktur der Blätter auch mit Wasserfarben auf das Papier drucken. Zur Schablone werden die Blätter, wenn wir sie auf das Papier legen und mit Sieb und Zahnbürste Wasserfarbe darüber spritzen.

Gebatikte Laternen

Die Kinder tropfen Wachs auf Zeichentransparentpapier und malen dann das Papier mit heller Wasserfarbe an. Diesen Vorgang nach dem Trocknen der Farbe noch zwei- bis dreimal wiederholen, dabei allmählich dunklere Farbtöne verwenden. Danach wird das Transparentpapier zwischen Zeitungspapier gelegt, bügelt man nun über die Zeitung, zieht die Wärme des Bügeleisens das Wachs in das Zeitungspapier. Wenn wir die Laterne anzünden, leuchten die Wachspunkte ganz hell.

Fertigstellen der Laternen

Für das Fertigstellen der Laternen nehmen wir als Boden am besten runde Käseschachteln, in die das bearbeitete Transparentpapier eingeklebt wird. Der obere Rand wird mit einem Pappring verstärkt, durch den wir einen Draht fädeln. Dieser wird an einem Stock befestigt, damit die Kinder ihre Laterne zum Martinsumzug tragen können. Nun fehlt nur noch der Kerzenhalter (im Bastelbedarf) und natürlich eine Kerze.

Luftballonlaternen

Die Kinder streichen einen aufgeblasenen Luftballon mit Tapetenkleister ein und bekleben ihn mit Streifen aus hellem, farbigem Transparentpapier (ca. drei Schichten). Wenn diese Klebeschichten getrocknet sind, schneiden wir die obere Kappe ab, ziehen den Ballon heraus, befestigen den Kerzenhalter mit Kerze in der Laterne und befestigen am oberen Rand einen Draht und einen Stock zum Tragen.

Minilaternen

Die Kinder bemalen einfaches Zeichenpapier mit heller Wasserfarbe. Wir trocknen das Papier und ölen es ein (einfaches Speiseöl), dadurch wird es durchscheinend! Wir schneiden es so zurecht, dass es um ein Teelicht mit Aluschälchen herumgeklebt werden kann. Am oberen Rand ziehen wir durch zwei kleine Löcher einen feinen Draht und hängen die Minilaternen damit an einen Zweig. Auch als Tischdekoration sind diese Minilaternen geeignet. Selbstverständlich kann man mit dem geölten Papier auch große Laternen herstellen.

Lichter- und Feuerfeste im Jahreslauf

Es gibt im Jahreslauf viele Gelegenheiten Lichter- und Feuerfeste in einer kleinen oder auch größeren Gruppe zu feiern. Bei diesen Festen bietet es sich an, alle Familienmitglieder einzubinden und bei den Vorbereitungen an Väter, Mütter, große und kleine Geschwister zu denken, d.h. das Fest so offen zu gestalten, dass auch neue Ideen aufgegriffen werden und alle gemeinsam das Fest erleben können.
Feuer kann nicht nur zum Kochen, zum Wärmen, zur Freude, zur Reinigung oder zur Meditation dienen, sondern dient in den meisten Kulturen auch als ritueller Begleiter zu bestimmten Anlässen. Hier wollen wir bekannte, aber auch einige in unserem Kulturkreis weniger geläufige Feste und Gestaltungsmöglichkeiten aufzeigen, bei denen das Feuer eine wesentliche Rolle spielt.

Das Feuer brennt jetzt

Melodie nach „In London brennt es"

Lichtmess

Am 2. Februar ist Lichtmess. Die Lichterprozession an diesem Tag erinnert an die Weissagung des Simeon, der Jesus „ein Licht, das die Heiden erleuchtet und Herrlichkeit für das Volk Israel" (Lk 2,32) nennt. Das Fest feierte man in Jerusalem mindestens seit Anfang des 5. Jahrhunderts. Der Brauch der Kerzenweihe ist seit dem 10. Jahrhundert bekannt. In unserem Kulturkreis ist es üblich, alle Kerzen, die im kommenden Jahr in der Kirche Verwendung finden, an diesem Tag zu weihen.
Lichtmess war auch ein wichtiger Tag für alle Mägde und Knechte und für die Handwerker. An Lichtmess wechselten Mägde und Knechte ihre Arbeitsstelle und hatten ein paar Tage frei. Die Handwerker arbeiteten von da an nur noch bei Tageslicht!

Bevor wir das Lichtmessfest feiern, machen wir in der Gruppe unsere eigenen Kerzen, die wir dann zur Kerzenweihe mitnehmen können (→ Seite 112f.).
Eindrucksvoll und bewegend ist ein Kerzensingen in einem abgedunkelten, nur von Kerzen erhellten Raum. Dabei singen wir alle Lieder, die Kinder oder Eltern vorschlagen.

Fasching

Im Fasching können wir ein Feuer dazu benutzen, den Winter auszutreiben. Mit Masken, Fackeln und Feuer machen wir den Wintergeistern Angst, vertreiben sie, und bringen mehr Licht in die langsam weichende Dunkelheit.

So treiben wir den Winter aus

Text und Musik: aus dem 16. Jahrhundert

Das Judas- oder Osterfeuer

In vielen Gegenden ist es heute noch üblich, in der Nacht zum Ostersonntag einen großen Scheiterhaufen aus dem Winterschnitt der Bäume und Sträucher zu errichten, auf den eine Strohpuppe gesteckt wird. Diese Judaspuppe ist ein Symbol für den Sünder, den Verräter in jedem Menschen.
Am Karfreitag, dem Tag, an dem Jesus gekreuzigt wurde, ließen früher die Menschen als Zeichen der Trauer das Feuer im Herd ausgehen. Auch am Karsamstag blieb die Küche kalt. Während der Auferstehungsfeier in der Nacht von Samstag auf Ostersonntag brannten vor den Kirchen Feuer, und die Menschen legten ein Holzscheit, das sie an einer Kette befestigt hatten, hinein. Dieses glühende Scheit nahmen sie mit nach Hause, um das Feuer im Herd wieder zu entfachen. Mit diesem Scheit wurde auch das Judasfeuer angezündet.
Heute brennt das Osterfeuer oft schon vor Einbruch der Dunkelheit und die Geselligkeit verdrängt mehr und mehr den Symbolgehalt dieses Ereignisses.
Wir möchten bewusst an die alten Traditionen anknüpfen, denn sie geben uns den äußeren Rahmen für einen neuen Anfang. Das Osterfeuer kann Anlass sein für das innere Aufräumen, für das Abgeben von schlechten Angewohnheiten oder von Sorgen. Wir können z.B. mit unseren Kindern aus Naturmaterial kleine Puppen herstellen, denen wir eine unserer „schlechten" Eigenschaften zuschreiben, die wir gerne ablegen möchten. Diese Puppen verbrennen wir im Osterfeuer. Wenn wir den Kindern dieses Beispiel geben, fällt ihnen sicher auch etwas ein, was sie loswerden wollen und sie werden ihre Ängste oder Sorgen oder „dummen" Angewohnheiten gerne verbrennen.

Die Walpurgisnacht

Am 30. April feiern wir die Walpurgisnacht. Das Fest war ursprünglich ein Frühlingsfruchtbarkeitsfest. Die Menschen feierten die Verjüngung der Natur und die keimenden Kräfte in der Erde (Walpurga). Zu Beginn der Christianisierung wurde dieses heidnische Fest verboten: Die Menschen, die weiter an die Naturgeister glaubten, trafen sich auf einsamen Bergkuppen (z.B. am Brocken oder Blocksberg), vermummten sich, um nicht erkannt zu werden, zün-

deten große Feuer an und tanzten. Das war sehr gefährlich, denn sie wurden bei Enttarnung als Hexen verfolgt. Von diesem ehemals fröhlich-freien Fest ist bis heute nur die „Freinacht" übrig geblieben, die sich mittlerweile auf unsinnige Scherze wie Klorollen abwickeln und Rasierschaum versprühen reduziert hat. Wir können gemeinsam mit unseren Kindern und anderen Familien dem Fest wieder mehr Sinn geben, wenn wir uns an die Ursprünge zurückerinnern.
Wir schichten ein Feuer (diesmal ein großes) auf, bereiten eine Hexen-Frühlingskräutersuppe, einen Hexenpunsch und Stockbrot vor. Wir verkleiden uns als Hexen, lernen das Hexeneinmaleins von Haydn und andere Hexensprüche und binden Besen aus Birkenreisig, auf denen wir später bei Trommelmusik und Hexenliedern ums Feuer tanzen. Beim Einstreuen der Kräuter in den Suppentopf, darf jeder seinen persönlichen Zauberspruch sagen. In der Vorbereitungsphase können wir mit den Kindern auch das „Spiel vom Zaubertopf" einüben.

Spiel vom Zaubertopf

Hexe: *Hexenküche, Zaubersprüche, Zaubertopf du stehst mir still, dass ich koche, dass ich backe, dass ich esse, was ich will!*
Ach, er regt sich, er bewegt sich, wohin rennt er so geschwind?

Topf: *Ei, ich tripple, ei ich trapple schnell zu einem armen Kind!*

zum Kind: *Du sollst schlecken, du sollst schmecken, iss den guten Haferbrei!*
Ei was wird die Hexe zetern! Doch das ist mir einerlei.
Heimwärts geh ich, stille steh ich, bis die Hex' ihr Sprüchlein spricht:
Sie soll zaubern, sie soll kochen, aber essen soll sie nicht!

Hedwig Diestel

Die Walpurgisnacht kann ein Fest werden, bei dem sich alle austoben können und an dem wir Gemeinschaft besonders freudig und ausgelassen fröhlich erleben können.
Am kleiner werdenden Feuer sprechen wir unsere Hexen- und Zaubersprüche, singen Hexenlieder oder erzählen Hexengeschichten und backen unser Stockbrot an langen Haselstöcken über der Glut.

Hexenlieder und -sprüche

Eins, zwei, drei,
ihr Hexen kommt herbei,
einmal durch und rundherum,
Hexen tanzen grad und krumm,
eins, zwei, drei - Hexen kommt herbei.
(nach der Melodie: A, B, C, die Katze lief im Schnee)

Morgens früh um sechs, kommt die kleine Hex,
morgens früh um sieben, schabt sie gelbe Rüben,
morgens früh um acht, wird Kaffee gemacht,
morgens früh um neun, geht sie in die Scheun,
morgens früh um zehn, holt sie Holz und Spän,

feuert an um elf, kocht dann bis um zwölf
Fröschebein und Krebs und Fisch,
hurtig Kinder kommt zu Tisch!

Seht die Hexe muss sich bücken,
lange Nase, krummer Rücken,
trübe Augen, lange Beine,
humpelt über Stock und Steine.
In dem Kochtopf rührt sie Knochen,
will sich Zaubersuppe kochen.
Lockt die Katzen aus den Ecken,
Kinder kommt und lasst's euch schmecken.
Leise, leise zieht sie Kreise,
geht im Mondschein auf die Reise,
auf dem Besen durch das Haus
durch den Schornstein husch, hinaus!

Hedwig Diestel

Das Hexen-Einmal-Eins

Text: Johann Wolfgang von Goethe, Musik: Joseph Haydn

Kanon zu 4 Stimmen

Pfingsten

In unserem Kulturkreis ist Pfingsten eine Zeit, in der wir uns intensiv mit dem Thema Feuer auseinandersetzen. Feuer bedeutet Verwandlung - durch die Kraft des Feuers kann Neues entstehen. Auch der heilige Geist, der an Pfingsten begrüßt wird, ist ein Zeichen der Verwandlung, das Zeichen einer neuen Kraft. Mit unserer Gruppe können wir beim gemeinsam vorbereiteten Lagerfeuer eine Feuermeditation machen und uns auf die Kräfte des Feuers besinnen. Folgender Text kann uns als Vorlage dienen:

Feuermeditation

Feuer -
wir schauen ins Feuer
die Flammen schlagen hoch
rot - orange, lodernd - glühend
wir nehmen das Farbenspiel auf.

Feuer -
wir lauschen ins Feuer,
die Hölzer knistern und krachen
prasseln - knacken - rauschen- - brausen
wir schließen die Augen und hören.

Feuer -
wir schnuppern das Feuer,
das Feuer duftet und raucht,
brenzlig - beißend - brutzlig - brandig
wir merken uns die Gerüche.

Feuer -
wir erspüren das Feuer,
die Flammen hüllen uns ein,
warme Wellen - wohlig - heiß,
wir nehmen die Wärme in uns auf.

Feuer –
ein Urelement,
unsere Erde – im Innern ein Feuerball,
die Sonne – ein glühender Feuerball,
lebenspendende Wärme, lebenspendendes Licht.

Feuer –
ein Element der Verwandlung.
Es zerstört und verbrennt um
Licht und Wärme zu erzeugen.
Aus Asche wird fruchtbare Erde
durch Verwandlung entsteht
neues Leben, neues Licht, neue Gedanken.

Sonnwend- oder Johannifeuer

Ein ganz traditionelles Feuer ist das Sonnwend- oder Johannifeuer am 21. bzw. 24. Juni. In manchen Gemeinden werden wie zu Ostern große Scheiterhaufen errichtet und entzündet. Das Sonnwend- oder Johannifeuer ist ein Freudenfeuer: Freude über den beginnenden Sommer, Freude über die langen Tage und kurzen Nächte, Freude über die wachsenden Früchte der Erde. Um diese Zeit wurden früher auch Fackelzüge um die Felder gemacht, um das wachsende Korn vor Unwettern und Dürre zu schützen.
Beim Anzünden des Feuers können wir, wenn wir unter den Eltern ein paar geübte Sänger haben, den Kanon „Flamme empor“ singen oder den Johannispruch sprechen „Heut lodert das Feuer“

Heut lodert das Feuer, der Rauch steigt empor,
da brechen im Feuer die Geister hervor.
Seht, wie es flackert, sie tanzen zusammen!
Hört ihr das Knistern und Prasseln der Flammen?
Es stieben die Funken, es brennt so hell.
Johanni ist heute, kommt alle zur Stell!
Christiane Kutik

Johanni-Reigen

Helga Lange

2. Lasst uns singen, lasst uns singen,
St. Johann, St. Johann von dem Feuer,
von dem Feuer, von dem Sommer-Feuer.

3. … von den Kindern

4. … von der Rose

5. … von den Bäumen

Wir singen und tanzen den Johanni-Reigen um das Feuer, essen selbstgebackene Sonnwendräder, schauen ins Feuer und die Mutigen springen am Schluss über das abgebrannte Feuer, die Kleineren nehmen wir dabei rechts und links an den Händen, die Größeren wagen den Sprung über das reinigende Feuer schon alleine. Es ist eine mutige Tat, auf die die Kinder sehr stolz sind. Im Johannifeuer können wir auch unsere Sorgen, die wir auf Papier gemalt oder geschrieben haben, verbrennen. Die Flammen tragen sie nach oben und wir hoffen darauf, dass uns eine Lösung eingegeben wird. Wendezeit.

Das Sonnwendrad

Zutaten: 1 kg Mehl, 1 Würfel Hefe, 1/2 l Milch, 2 Eier, 180 g Butter, etwas Salz, nach Belieben 6 Esslöffel Zucker oder Honig

Hefeteig herstellen, nach der Ruhezeit nochmals durchkneten, ein Teigrad formen. Vom Mittelpunkt aus mit einem Messer zunächst eine Spirale einschneiden, danach sieben nach außen zeigende Bögen tief in den Teig einschneiden. Im heißen Ofen etwa 30 Minuten backen.

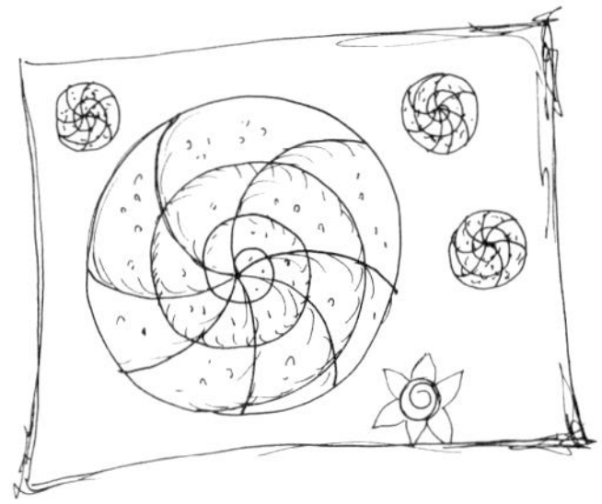

Sommerfeuer

Im Sommer brauchen wir kein besonderes Fest um ein Feuer zu machen. Wir nutzen die Gelegenheit, wenn wir gemütlich zusammensitzen oder im Zelt oder Freien übernachten. Wir singen die uns bekannten Feuer- oder Indianerlieder und genießen mit allen Sinnen das Element Feuer.

Erntedank

Zur Erntedankzeit im Oktober ist es ein großartiges Erlebnis ein Kartoffelfeuer mit den Kindern zu machen. Am besten nehmen wir Kontakt zu einem Bauern auf und fragen, ob und wann wir auf seinem Acker ein Kartoffelfeuer machen können. Wenn diese erste Hürde genommen ist, ziehen wir zusammen aufs Feld (vielleicht haben ja auch die Eltern Zeit) und sammeln das dürre Kartoffelkraut und schichten es auf einen Haufen. Gleichzeitig klauben wir die noch am Feld liegenden Kartoffeln auf.
Wir versammeln uns um die Feuerstelle und danken für die Ernte.

Erde, die uns dies gebracht,
Sonne, die es reif gemacht!
Liebe Sonne, liebe Erde,
euer nie vergessen werde.
Christian Morgenstern

Dabei zünden wir das Kartoffelkraut an. Dazu brauchen wir auch etwas Papier und trockene Holzspäne oder ausgediente Obstkisten. Brennt es richtig, dürfen die Kinder die Kartoffeln hineinwerfen, und während wir ca. eine halbe Stunde warten müssen, bis die Kartoffeln gar sind, können wir Herbstlieder singen, einen Erntetanz einüben, oder auch mal ein ganz neues Lied zusammen dichten.
Für die Kinder wird beim Kartoffelfeuer auf einfache Weise der direkte Zusammenhang zwischen Landwirtschaft und Ernährung deutlich!

Um gemeinsam ein Erntedankfest zu feiern, bringt jede Familie Früchte aus dem eigenen Garten, vom Feld oder aus dem Wald mit und wir bereiten daraus unser Essen zu.
Wir höhlen einen großen Kürbis aus, geben ihm ein Gesicht und stellen eine Kerze hinein. Aus dem Kürbisfleisch bereiten wir eine leckere Suppe: Kürbisfleisch würfeln, kurz in Gemüsebrühe kochen, mit Muskat, Salz und Pfeffer würzen, zerstampfen oder mit dem Zauberstab pürieren und mit frischen Kräutern bestreuen, Abwandlungen der Suppe mit Kartoffeln, Karotten, Äpfeln, Zwiebeln … sind genauso lecker.
Die Kürbiskerne waschen und trocknen wir, später knacken wir sie zwischen den Zähnen und essen den leckeren grünen Kern.

Folgende weitere spannende Aktionen sind in einer Kinder- oder Familiengruppe zur Erntezeit möglich:

- Apfelsaft pressen (Wenn wir die Möglichkeit haben eine Handpresse auszuleihen.)
- Sauerkrautstampfen („mit nackten Füßen im Kraut …“)
- Rübengeister schnitzen (Dazu brauchen wir Futterrüben und möglichst ein paar Eltern und größere Kinder, die etwas vorarbeiten, da das Fleisch sehr hart ist.)
- Erntekränze aus verschiedenen Getreidesorten binden
- Brot backen

Die Erntefeste wurden schon in vorchristlicher Zeit gefeiert. Die Menschen opferten der Fruchtbarkeitsgöttin Demeter (bei den Griechen) oder dem Fruchtbarkeitsgott Wotan (bei den Germanen) einen Teil ihrer Ernte, um ein gutes Wachstum im nächsten Jahr zu erbitten. In christlicher Zeit wurde aus dem Opferfest ein Dankfest.

St. Martin

Am 11. November feiern wir das Fest des heiligen Martin. Er war im 4. Jahrhundert Bischof von Tours. Martin wirkte besonders segensreich in der Ausbreitung des christlichen Glaubens und war ein Vorbild der Nächstenliebe. Allen bekannt ist die Erzählung der Mantelteilung. Martin gab die Hälfte seines warmen Mantels einem frierenden Bettler.

Als Vorbereitung zum Martinsfest bauen wir Laternen (→ Seite 115f.), backen Martinsmänner oder -gänse aus Hefeteig und lernen Laternenlieder. Am Martinstag treffen wir uns bei einbrechender Dunkelheit. Wir zünden nacheinander unsere Laternen an.

Wir ziehen mit unseren Laternen durch den Park oder ein nahes Wäldchen und singen unsere Laternenlieder, z.B. „Laterne, Laterne, leuchtet wie die Sterne". Die Gruppenleiterin erzählt die Martinsgeschichte oder wir singen alle gemeinsam das Martinslied und spielen dazu. Danach teilen wir unser Martinsbrot, essen es und gehen langsam wieder zurück.

Laterne, Laterne

volkstümlich

Adventsgärtlein

Ein ganz besonders stimmungsvolles Lichterfest können wir am 1. Advent begehen. Wir feiern ein Adventsgärtlein (Adventsspirale). Dazu legen wir eine Spirale aus Tannenzweigen und Moos und darauf silberne Sterne am Boden aus.

In die Mitte stellen wir etwas erhöht auf eine schöne Wurzel oder einen Baumstamm eine Kerze.
Den Raum erhellen wir mit etwas Kerzenlicht. Zur Einstimmung erzählen wir eine Adventsgeschichte. Besonders gut passt die Geschichte von der Entstehung des Adventsgärtleins, die wir hier in Kurzform wiedergeben und die je nach Erzählsituation entsprechend ausgeschmückt werden kann.

Ein Einsiedler, Vater Jakob genannt, wohnte in einem wunderschönen Garten mitten im Wald bei den Tieren, deren Sprache er verstand. Er war heilkundig, und wurde deshalb manchmal zu den Kranken ins Dorf gerufen. Im Sommer besuchten ihn die Kinder aus dem Dorf und lauschten gespannt seinen Geschichten. Als einmal kurz vor Weihnachten ein großes Unwetter tobte, fürchtete Vater Jakob, dass die Welt untergehen würde, weil die Menschen immer so geschäftig waren und nicht an die heilige Weihnachtszeit dachten. Er kniete sich hin um zu beten, da hörte er eine feine Stimme: „Vater Jakob, die Kinder brauchen ein Adventsgärtlein!“ Er sah am Boden eine kleine eingerollte grüne Schlange mit leuchtenden Punkten auf dem Rücken und Vater Jakob überlegte, was sie wohl meinen könnte.
Die Schlange sagte: „Jedesmal, wenn ein Menschenkind eine gute Tat vollbringt, erglänzt ein Edelstein auf meinem Rücken.“ Da konnte er sich das Adventsgärtlein vorstellen.
Am nächsten Morgen stapfte Vater Jakob durch den Schnee zum Dorf und erbat von den Menschen Kerzen und Äpfel und er lud

die Kinder am 1. Adventssonntag zu sich ein. Diese freuten sich sehr.
Mit Moos und Tannenzweigen legte er auf den Boden in seiner Stube eine Spirale mit silbernen Sternen, wie es ihm die Schlange vorgemacht hatte und als die Kinder kamen, feierte er mit ihnen das Adventsgärtlein.

Jedes Kind und jeder Erwachsene, der das Adventsgärtlein mitfeiert, bekommt einen Apfel mit Kerze. Nacheinander trägt ihn jeder ruhig in die Mitte der Spirale, zündet seine Kerze an und stellt die Apfelkerze auf einem der silbernen Sterne ab. Die anderen singen während dessen Adventslieder.

Es ist für uns eine Zeit angekommen

Text: Paul Hermann, Musik: Sterndrehermarsch

2. ||:Es schlafen Bächlein und See unterm Eis, es träumt der Wald einen tiefen Traum.:||
Durch den Schnee, der leise fällt, wandern wir, wandern wir, durch die weite, weiße Welt.

3. ||:Vom hohen Himmel ein leuchtendes Schweigen erfüllt die Herzen mit Seligkeit.:||
Unterm sternbeglänzten Zelt wandern wir, wandern wir, durch die weite, weiße Welt.

Wir sitzen um die leuchtende Spirale und können uns ganz auf Advent und Weihnachten einstimmen. Dieses innere Bild und unsere Apfelkerze können Kinder und Eltern mit nach Hause nehmen und dort auf dem Jahreszeitentisch eine ähnliche Spirale aufbauen, an der täglich bis Weihnachten eine Kerze mehr angezündet wird, bis am Weihnachtstag 24 Kerzen brennen.
Wir lassen uns durch die ganze Adventszeit von Kerzenlichtern begleiten. Wir ziehen, tauchen oder rollen selber Kerzen, die wir verschenken oder anzünden (→ Seite 112f.). Wir versuchen auch in unseren Alltag etwas Ruhe und Besinnung einkehren zu lassen, schließlich heißt diese Zeit die „stille Zeit“. Der Höhepunkt der Kerzenlichterzeit ist der 24. Dezember mit dem lichterglänzenden Weihnachtsbaum.

Lucienfest

In der Adventszeit gibt es noch ein weiteres Lichterfest. Am 13. Dezember ist der Tag der heiligen Lucia. Er wird vor allem in Schweden gefeiert, aber auch vereinzelt noch in Deutschland.
Lucia kümmerte sich als junge Frau in ihrer Heimatstadt Syrakus aufopfernd um Obdachlose, Kranke und Notleidende. Sie brachte Licht und Wärme zu denen, die auf Hilfe angewiesen waren und bekannte sich zu ihrem christlichen Glauben. Aufgrund dieses Bekenntnis wurde sie mit einem Schwert hingerichtet. Lucia blieb wegen ihrer liebevollen Hilfe für andere unvergessen und wurde deshalb als helles Licht bezeichnet.
Wir können den Luciatag zum Anlass nehmen, ein Lichterfest zu feiern und die gute Tradition aufnehmen, an alle Menschen Kuchen zu verteilen. Mancherorts entwickelte sich der Brauch, im Gedenken an Lucia selbstgebaute Lichthäuser die Flüsse hinabschwimmen zu lassen. Wir können diesen schönen Brauch wieder aufneh-

men: Dazu bauen wir Lichthäuschen auf kleinen Flößen, setzen Teelichte darauf (→ Seite 114) und lassen sie zu Wasser.
Es ist ein wunderschönes Erlebnis, die leuchtenden Häuschen auf dem Fluss schwimmen zu sehen.

Die Wintersonnenwende

Ein Winterfeuer bietet sich zur Wintersonnenwende an. Ab dem 22. Dezember werden die Tage wieder länger und das ist sicher ein Grund zum Feiern! Ein Feuer im Winter ist etwas ganz Spannendes. Wir müssen erst den Schnee wegräumen und ganz besonders gut auf trockenes Holz achten. Wir können in der Kälte die Wärme des Feuers richtig genießen. Jetzt in der kalten Jahreszeit eignet sich ein Kinderpunsch oder eine Gemüsesuppe, um sie über dem Feuer zu kochen. Feiern wir die Sonnenwende, werden wir die länger werdenden Tage bewusster erleben.

Waldweihnacht

In unserer Kinder- oder Eltern-Kind-Gruppe feiern wir gemeinsam eine Waldweihnacht. Wir machen einen Spaziergang durch den Winterwald, schmücken ein Bäumchen mit Kerzen, selbstgemachtem Vogelfutter und Strohsternen. Wir erzählen die Weihnachtsgeschichte oder spielen sie und singen Weihnachtslieder!

Silvester – als Lichterfest

Mit buntem Feuerwerk und lautem Krachen wird zu Silvester um Mitternacht das neue Jahr begrüßt.
Der Ursprung dieses Brauches liegt weit zurück. Die Menschen trafen sich in der Hauptrauhnacht, um in der Gemeinschaft die bösen Geister des Winters zu vertreiben. Mit lauten Geräuschen wie Peitschenknallen, Dreschflegelschlagen oder Glockenläuten und mit brennenden Fackeln wollten sie für ein gutes Wachstum im nächsten Jahr sorgen.
Die dreizehn Rauhnächte zwischen dem Heiligen Abend und dem Drei-Königstag stehen dem alten Volksglauben nach unter dem Einfluss böser Mächte. Durch das Räuchern der Wohnräume und der Stallungen mit Weihrauch oder brennenden Wacholderzweigen versuchten sich die Menschen vor diesem Einfluss zu schützen.

Wenn wir unser Geld nicht für Silvesterraketen und Knaller ausgeben wollen, bereiten wir mit der Gruppe Harzfackeln vor, die wir im Garten aufstellen können. Krach machen können wir hervorragend mit Topfdeckeln, Teppichklopfern und Rasseln. Auch wilde Schreie sind erlaubt! Nach der Silvesternacht tauschen wir in der Gruppe unsere Erlebnisse aus und malen Feuerwerksbilder.

Feuerwerksbilder
Material: Papier, Wachsmalkreiden, dunkelblaue Wasserfarbe, Pinsel

Zuerst malen wir unser buntes Feuerwerk mit gelber, roter, blauer, weißer ... Wachsmalkreide auf das Papier. Die Raketen dürfen ruhig kräftig sprühen! Danach übermalen wir das ganze Blatt mit dunkelblauer Wasser- oder Aquarellfarbe (z.B. preußischblau oder indigo). Das Bild soll ganz dunkel werden, dann leuchtet das Feuerwerk am Nachthimmel.

Die Harzfackel
Material: gerader, dicker Holzstab, Marmeladenglasdeckel aus Blech, Nagel, große Kiefernzapfen, trockenes Baumharz

Das Baumharz und die Kiefernzapfen sammeln wir bei einem Waldspaziergang. Zwischen die Schuppen des Zapfens klemmen wir die Harzkügelchen. Den Stab spitzen wir an einer Seite an, auf das gerade Ende nageln wir den Marmeladendeckel mit der Vertiefung nach oben. Den Holzstab kann man draußen in den Boden stecken, den Zapfen oben auf den Deckel stellen (evtl. ankleben) und anzünden. Besonders Geschickte können den Zapfen auch mit einem Nagel durch den Deckel am Stab befestigen, dann kann man die Fackel sogar vorsichtig herumtragen.

Das Räuchern – eine Feuerzeremonie

Das Räuchern ist eine in vielen Kulturkreisen übliche Feuerzeremonie. Wir kennen z.B. das Schwenken des Weihrauchkessels in der Kirche, das Anzünden von Räucherstäbchen oder Räucherkerzen um einen besonderen Duft zu verbreiten, das Räuchern mit Weihrauch an Dreikönig in den Häusern. Es gibt viele Gründe für Räucherungen: z.B. die atmosphärische Reinigung von Räumen, in denen Menschen zusammenkommen oder die Heilung. Räucherungen können beruhigen, entspannen oder geben Kraft und regen an, sie können unsere spirituellen Energien verstärken, uns im Gebet und in der Meditation weiterhelfen oder unsere Kreativität anregen. Wir können auch die Jahresfeste mit Räucherungen begleiten.

Für unsere Gruppe überlegen wir uns eine Gelegenheit für ein Räucherritual und führen dies durch. Es bietet sich eines der Jahresfeste an oder z.B. die intensive Auseinandersetzung mit dem Indianerleben. Das Räuchern nimmt in der indianischen Kultur einen sehr hohen Stellenwert ein. Anlässe für Räucherrituale sind z.B. Schwitzhütte (eine „indianische Sauna“, die vor allem zu rituellen Zwecken genutzt wird), Versammlungen oder der Bezug eines neuen Tipis. Tipis werden zur atmosphärischen und vorbeugenden Reinigung (z.B. gegen Schimmelpilze) mehrmals im Jahr geräuchert.

Räuchern im Tipi

Eine schöne Gelegenheit für ein Räucherritual bietet auch der Erstbezug eines Tipis. Wir stellen dieses Räucherritual stellvertretend vor. Es kann in dieser oder ähnlicher Form auch zu anderen Gelegenheiten durchgeführt werden.

In einer Tonschale entzünden wir dazu getrockneten Lavendel, Thuja (Lebensbaum), und Salbei und fächeln mit einer großen Feder dem Räucherwerk Luft zu. Man kann die Kräuter auch auf spezieller Räucherkohle oder in einem Räucherstövchen verbrennen. Den Rauch verteilen wir im Tipi in alle Himmelsrichtungen. Vor der ersten Zusammenkunft im Tipi wird auch jeder einzelne Teilnehmer geräuchert. Wir fächeln mit der großen Feder jedem Kind Rauch von allen Seiten zu. Diese Zeremonie dient symbolisch

der Reinigung. Mit einem schwungvollen Federwisch an allen Seiten des Körpers streifen wir symbolisch Belastendes und Neagtives von oben nach unten ab. Als Schlusspunkt setzen wir jedem die Feder senkrecht auf den Kopf, um unseren Kopf frei zu machen für neue Gedanken.
Im Tipi können wir dann eine neue Gesprächsform entwickeln. Wir geben z.B. einen Stock in der Runde weiter und nur der, der den Stock hat, darf sprechen, alle anderen hören zu.
Solche Rituale können in unserem Zusammenleben sehr viel verändern, wenn wir ihnen Sinn und Bedeutung geben. Gerade Kinder sind hierfür noch sehr offen und empfänglich, weil sie noch eine unbefangene tiefere Verbindung zu den geistigen Kräften haben, die hier zum Tragen kommen.

Räuchermännchen

Material: festes Papier, Farbstifte, Wachsmalkreiden, Schere, Kleber

Wir machen uns in der Gruppe einfache Räuchermännchen für Räucherkerzen. Dazu schneiden wir aus Papier einen Viertelkreis aus und bemalen ihn mit einem Gesicht. Als Mund schneiden wir ein Loch hinein. Wir kleben die geraden Kanten zusammen und sorgen am unteren Rand für ein Luftloch.
Unser Männchen stellen wir auf einen kleinen Teller über eine angezündete Räucherkerze. Siehe da – es raucht!

Räucherstäbchen

Material: Ton, Zahnstocher

Für Räucherstäbchen können wir uns aus Ton ganz einfache Ständer in beliebigen Formen machen. Wir formen den Ton als Tier, Kugel, Kegel … und stechen mit dem Zahnstocher mehrere Löcher hinein. Wenn der Ton getrocknet ist, können wir unsere Räucherstäbchen hineinstecken, anzünden und uns von ihrem Duft verzaubern lassen. Dazu machen wir es uns auf Kissen gemütlich und lesen ein Märchen aus 1001 Nacht …

Licht

Ein wichtiger Aspekt des Feuers ist das Licht. Für unser Tageslicht sorgt ein riesiger Feuerball – die Sonne. Sie weckt am Morgen alle Tiere und Menschen und lässt am Abend die Welt wieder im Dunkeln verschwinden. Sie spendet uns Licht und Wärme und macht damit das Leben auf der Erde erst möglich!
Um das Sonnenlicht erlebbar zu machen, spielen wir zuerst mit unseren Schatten.

Das Sonnenlicht

Was schlüpft durch die Bäume,
durch Hecken und Zäune,
raschelt gar nicht?
Das Sonnenlicht.

Was geht durch die Flüsse,
hat trockene Füße,
plätschert gar nicht?
Das Sonnenlicht.

Was taucht in die Seen,
kann auf den Grund gehen,
ertrinkt doch nicht?
Das Sonnenlicht.

Was springt durch die Scheiben
und lässt sie ganz bleiben,
bricht sie gar nicht?
Das Sonnenlicht.

Was lässt beim Versinken
viel Augen aufblinken,
ein Silbergesicht?
Das Sonnenlicht.

Hans Baumann

Spielereien mit Licht und Schatten

Schattenfangsterl
Die Kinder versuchen sich gegenseitig auf ihren Schatten zu treten – oder sie versuchen dem Schatten der anderen aus dem Weg zu gehen!

Schatten spielen
Ein Mitspieler geht in die Mitte und bewegt sich. Alle anderen sind sein Schatten und ahmen seine Bewegungen nach.

Schattenmalerei
Wir stellen uns auf einen sonnigen, gepflasterten Platz und malen gegenseitig unsere Schattenbilder mit Kreide auf dem Boden nach. Diese Schattenbilder können die Kinder mit bunter Kreide ausmalen und bald haben wir einen Platz voll lustiger Figuren.

Ein Schattenspiel
Material: dickes Papier, Pappe, buntes Transparentpapier, Kleber, Blumendraht, gerade Äste

Vertraut mit Licht und Schatten, wagen wir uns jetzt an ein Schattenspiel heran. Jedes Kind macht sich eine einfache Schattenfigur, entweder ganz frei nach eigenen Vorstellungen oder zu einem gemeinsam gewählten Thema.
Wir schneiden aus Papier oder Pappe Figuren aus und hinterkleben Muster, die wir ausgeschnitten haben mit buntem Transparentpapier, z.B. bei Fischen die Schuppen oder bei Häusern die Fenster. Wir befestigen die Figur mit Blumendraht an einem Stock und schon können wir mit dem Spiel beginnen.
Zuerst spielen wir einfach vor dem Fenster oder draußen vor einer sonnigen Wand, das macht den Kindern viel Spaß, im Winter können wir auch mit Leinwand und Projektor arbeiten.

Farb- und Pflanzendias
Material: Glasdiarahmen, Glasmalfarbe, Tusche, Kleber, Spülmittel

Wir bemalen Glasdiarahmen auf der Innenseite mit Glasmalfarbe oder Tusche. Geben wir einen Tropfen Kleber oder Spülmittel dazu, verändern sich die Bilder beim Betrachten. Wir können auch kleine, zarte Pflänzchen oder Samen sammeln, sie vorsichtig auseinander zupfen und in die Diarähmchen einlegen. Beide Techniken können wir natürlich auch mischen.
Beim Anschauen der Dias sollten wir uns viel Zeit nehmen. Die Kinder entdecken dabei eine ganz neue Welt.
Diese Aktion eignet sich auch gut für einen Elternabend. Die winzigen Bilder werden auf der Leinwand zu großen Gebilden voller Überraschungen. Das Betrachten der Dias zu einer meditativen Musik ist sehr entspannend.
Tipp: Wir können unsere Dias auch als Bühnenbild für unser Schattenspiel verwenden!

Die Sonnenuhr

Bei der Beschäftigung mit Licht und Schatten denken wir auch an die Sonnenuhr.
Wir suchen uns einen Platz, auf den möglichst den ganzen Tag die Sonne scheint, stecken einen langen Stock (ca. 1m) durch das Loch

eines umgestülpten Blumentopfes und stellen diese schlichte Sonnenuhr auf.
Jetzt schauen wir, wo der Schatten hinfällt und zeichnen uns die Schattenlinie am Boden an. Im Laufe eines Tages markieren wir jede Stunde und schmücken das dadurch entstandene Zifferblatt mit Gegenständen, die den Kindern den Zusammenhang mit ihrem Tageslauf zeigen. Zum Beispiel:

8 Uhr - Wecker
9 Uhr - Schuhe
10 Uhr - Becher
11 Uhr - …
…

Wir beobachten mit den Kindern beim nächsten Treffen, ob unsere Uhr noch stimmt!

ERDE, WASSER, LUFT UND FEUER

Nachdem wir uns jetzt mit allen Elementen intensiv auseinandergesetzt haben, wollen wir zum Abschluss noch einmal verdeutlichen wie wichtig alle vier Elemente für das Leben auf der Erde und für uns Menschen sind.

Ein Mandala

Diese Bedeutung aller Elemente für unser Leben können wir sehr schön mit einem Mandala aus Naturmaterialien oder aus den Werken unserer Aktionen zeigen. Wir ordnen unser gesamtes Material den Elementen zu, zum Beispiel:
Erde - Erde, Steine, Sand und Lehm, gefärbter Ton ...
Wasser - Moos, frische Blätter, Blätter mit Wassertropfen drin, Seerosen, Schiffchen ...
Luft - Windräder, Federn, Luftballons ...
Feuer - Holz, verkohltes Holz, Asche, Zapfen, Feuervögel
und legen alle Fundstücke zu einem Bild auf den Boden (im Raum oder im Freien).

Das Mandala kann in Ringen oder strahlenförmig aufgebaut werden. Dazu können wir das Lied „Gottes Gaben sind so wunderbar" (→ Seite 38) singen und alle schönen Dinge darin einbinden. Beeindruckend ist es auch, in dieses Mandala eine Streichholzkette einzubauen, die wir dann langsam abbrennen lassen. Dazu stecken wir in einen Ring aus Lehm oder Ton viele Streichhölzer. Sie müssen so dicht aneinander stehen, das jedes das nächste entzünden kann. Wir müssen auch darauf achten, dass alle Köpfe auf der gleichen Höhe sind.
Das Mandala ist ein schöner Abschluss eines Wochenendes oder eines Jahres in der Gruppe. Begleitend zum Legen oder zum Betrachten des Mandalas singen wir das Indianerlied „Tall trees". Der englische Text ist leicht zu erlernen und die Schwingungen im Einklang mit der Natur werden spürbar.

Tall trees

indianischen Ursprungs

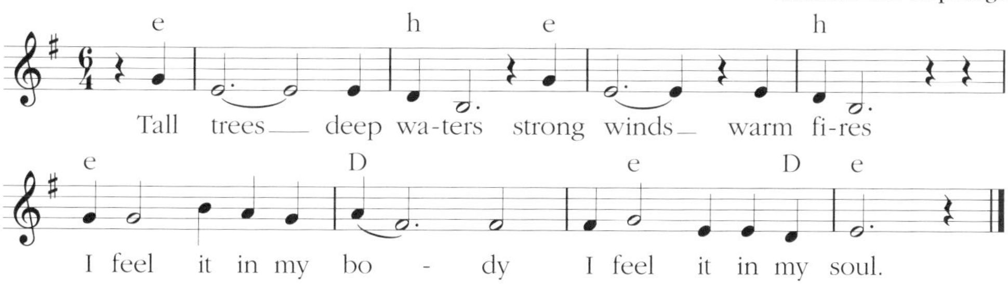

Veröffentlichungen und Angebote des Eltern-Kind-Programms

Der Eltern-Kind-Programm e.V. führt seit vielen Jahren Seminare, Workshops und Eltern-Kind-Gruppen durch. Die Themen sind: Naturerfahrung, Bewegung, die Jahreszeiten, die Feste im Jahreskreis, die Elemente, verschiedene Naturbaustellen.
Spiele, Lieder, Reime, Werkaktionen und andere wichtige Anregungen wurden in Arbeitsheften gesammelt, die unter folgenden Titeln erschienen sind:

- Dem Frühling auf der Spur
- Sommerspaß
- Den Herbst erleben
- Winterfreuden
- Unsere Lieder
- bewegen erleben
- Naturspielräume
- Erfahrungen mit Wasser – schwimmen lernen leicht gemacht
- Glaubensbildung in Eltern-Kind-Gruppen

Die Arbeitshefte und Informationen über die Seminarangebote sind zu beziehen bei:

Eltern-Kind-Programm e.V.
Mitterweg 34
82131 Stockdorf
Tel.: 089/8 57 11 12
Fax.: 089/8 56 14 33

Quellenverzeichnis

S. 13: Dorothée Sölle, Weisheit der Indianer, aus: Hans-Joachim Gelberg (Hrsg.), Überall und neben dir, 1986 Beltz Verlag, Weinheim und Basel, Programm Beltz und Gelberg, Weinheim.
S. 19: Wolf Harranth, Erde, aus: Irmgard Eberhard / Wolf Harranth: Mein Bilderbuch von Erde, Wasser, Luft und Feuer, © by Ravensburger Buchverlag, Ravensburg 1990.
S. 19: Rolf Krenzer, Guten Morgen, guten Morgen, aus: Rolf Krenzer, Ein Strumpf gehört an jedes Bein, © Verlag Ernst Kaufmann, Lahr.
S. 20: Anna Iduna Zehnder, Ich habe zwei Füße, aus: Scheine Sonne scheine, Kinderverse und Gedichte für die ersten Schuljahre, Verlag Freies Geistesleben, Stuttgart 1992.
S. 21: Heinz Ritter, Erdenspeise, Erdenbrot, aus: Das Jahreszeitenbuch, Verlag Freies Geistesleben, Stuttgart 1993.
S. 22: Klaus W. Hoffmann, Mit nackten Beinen durchs Gras, aus: Klaus W. Hoffmann, Das Bärenorchester, © Patmos Verlag, Düsseldorf.
S. 28: Hedwig Diestel, Wir säen, wir säen, aus: Das Jahreszeitenbuch, Verlag Freies Geistesleben, Stuttgart 1993.
S. 31: Marianne Austermann, Gesa Wohlleben, Pitsch, pitsch, patsch, aus: Austermann / Wohlleben, Zehn kleine Krabbelfinger, Kösel-Verlag, München 16. Aufl. 1999.
S. 42: Marianne Austermann, Gesa Wohlleben, Zehn kleine Krabbelfinger, aus: Austermann / Wohlleben, Zehn kleine Krabbelfinger, Kösel-Verlag, München 16. Aufl. 1999.
S. 44: Hedwig Diestel: Ich sitze, ich sitze, aus: Kindertag, Gedichte für Kinder, Verlag Freies Geistesleben, Stuttgart 1996.
S. 45: dies., Am Berge stehen guck, nur guck, aus: Hedwig Diestel, Verse für die pädagogische Eurythmie, Verlag die Pforte, Dornach / Schweiz 1998.
S. 45: Marianne Garff, Klippdiklapp und knickdiknack, aus: Marianne Garff, Es plaudert der Bach, Verlag die Pforte im Rudolf Steiner Verlag, Dornach / Schweiz 1996.
S. 47: Hedwig Diestel, Hier ist ein Berg – da ist ein Berg, aus: Kindertag, Gedichte für Kinder, Verlag Freies Geistesleben, Stuttgart 1996.
S. 49: Wolf Harranth, Wasser, aus: Irmgard Eberhard / Wolf Harranth: Mein Bilderbuch von Erde, Wasser, Luft und Feuer, © by Ravensburger Buchverlag, Ravensburg 1990.
S. 50: James Krüss: Das Wasser, aus: James Krüss, Der wohltemperierte Leierkasten, © 1961 C. Bertelsmann Jugendbuch Verlag, München in der Verlagsgruppe Bertelsmann GmbH.
S. 54: Ulrike und Bernd Meyerholz, Regenlied © bei den Autoren.
S. 62 und 63: Alois Künstler, Klein Häschen wollt spazieren gehn, aus: Das Jahreszeitenbuch, Verlag Freies Geistesleben, Stuttgart 1993.
S. 66: Irmgard von Faber du Faur, In dem Lilalileilasee, aus: Scheine Sonne scheine, Kinderverse und Gedichte für die ersten Schuljahre, Verlag Freies Geistesleben, Stuttgart 1992.